篮球运动教学
与系统训练研究

刘龙 著

吉林人民出版社

图书在版编目（CIP）数据

篮球运动教学与系统训练研究 / 刘龙著 . -- 长春：吉林人民出版社，2022.8
ISBN 978-7-206-19403-0

Ⅰ . ①篮… Ⅱ . ①刘… Ⅲ . ①篮球运动—体育教学—研究②篮球运动—运动训练—研究 Ⅳ . ① G841.2

中国版本图书馆 CIP 数据核字（2022）第 234748 号

责任编辑：田子佳
装帧设计：皓　月

篮球运动教学与系统训练研究
LANQIU YUNDONG JIAOXUE YU XITONG XUNLIAN YANJIU

著　　者：	刘　龙
出版发行：	吉林人民出版社（长春市人民大街7548号　邮政编码：130022）
咨询电话：	0431-85378007
印　　刷：	廊坊市海涛印刷有限公司
开　　本：	787mm×1092mm　　1/16
印　　张：	13.5　　　　　　　　字　数：220千字
标准书号：	ISBN 978-7-206-19403-0
版　　次：	2023年1月第1版　　印　次：2023年1月第1次印刷
定　　价：	58.00元

如发现印装质量问题，影响阅读，请与印刷厂联系调换。

前 言
PREFACE

  篮球运动是我国群众性普及较好的一项体育运动项目，篮球课作为运动训练专业的主要课程之一，在体育院系的教学中占据着极其重要的地位。在我国开设有运动训练专业的高校中，篮球运动以大份额的比重占据着我国培养具有运动训练专业特色人才的主力军的重要地位。在高校篮球运动教学中进行系统训练，通过学习篮球动作，不仅可以了解骨骼、器官、肌肉、韧带和肌腱带动人体运动的原理，还能够提高身体素质、改善跳跃技能、提高加速度、更快起步，从而获得有利位置，获得良好运动表现。因此，篮球运动教学与系统训练至关重要。

  全书从运动的基本概念出发，循序渐进地对篮球运动教学与训练进行解读。另外，本书注重理论与实践的紧密结合，对我国的体育教育具有一定的参考价值。

  本书的撰写得到了许多专家学者的帮助和指导，在此表示诚挚的谢意。由于笔者水平有限，加之时间仓促，书中所涉及的内容难免有疏漏与不够严谨之处，希望各位读者多提宝贵意见，以待进一步修改，使之更加完善。

目 录
CONTENTS

第一章　篮球运动技术与教学研究 …………………………………… 001
　　第一节　篮球运动技术概述 ……………………………………… 001
　　第二节　脚步移动与运球技术教学 ……………………………… 006
　　第三节　投篮与持球突破技术教学 ……………………………… 015
　　第四节　传接球与位置技术教学 ………………………………… 021

第二章　篮球运动战术与教学研究 …………………………………… 033
　　第一节　篮球运动战术原理分析 ………………………………… 033
　　第二节　战术基础配合的方法与要点 …………………………… 036
　　第三节　全场紧逼人盯人防守与进攻全场紧逼人盯人 ………… 040
　　第四节　区域联防与进攻区域联防战术 ………………………… 046
　　第五节　固定战术进攻配合与混合防守 ………………………… 049

第三章　篮球运动的体能训练研究 …………………………………… 052
　　第一节　篮球专项力量训练 ……………………………………… 052
　　第二节　篮球速度与弹跳训练 …………………………………… 055
　　第三节　篮球耐力与柔韧训练 …………………………………… 058
　　第四节　篮球的灵活性训练 ……………………………………… 062
　　第五节　篮球运动的训练损伤与保健 …………………………… 067

第四章　篮球运动训练中游戏教学法的运用 ………………………… 084
　　第一节　篮球运动训练中游戏教学法的创编 …………………… 084
　　第二节　篮球运动训练中游戏教学法的实践 …………………… 096

第五章　篮球运动的心理训练与评价 ………………………………… 162
　　第一节　篮球运动员的心理训练及方法 ………………………… 162

第二节　篮球体能测试及其质量评价 …………………………… 166
　　第三节　篮球教学与训练的评价内容与方法 …………………… 175

第六章　篮球队伍建设管理与竞赛组织工作 ……………………… 181
　　第一节　篮球队伍的建设管理 …………………………………… 181
　　第二节　篮球竞赛的组织工作 …………………………………… 195

结束语 …………………………………………………………………… 206

参考文献 ………………………………………………………………… 207

第一章 篮球运动技术与教学研究

第一节 篮球运动技术概述

篮球技术是运动员完成攻防所采用的动作方法的总称。它是决定篮球运动员竞技能力的重要因素，包括移动、接球、传球、运球、投篮、抢断、打球、抢断、篮板等动作方式，以及多种动作组合形成的动作体系。篮球技术原理是指以与人类体育科学有关的一些普遍规律和原理作为研究体育技术的理论基础，结合体育技术动作，进一步了解技术动作的科学结构，从而发展和发挥人体和技术本身的最大潜力和效率。

一、篮球技术形成的基本原理

（一）社会学原理

运动美学认为，人从事任何体育运动的根本目的都是通过完成各种技术动作来强身健体，其中包含多种审美因素。在比赛中，每一个技术动作的姿势、灵巧、协调、敏捷和准确都给人一种美感。在球场上的每一次比赛中，顽强拼搏、克服困难、积极进取的精神，也给人一种鼓舞和力量，是一种精神美的体现。

（二）生理学原理

篮球技术的形成涉及体育、教育学、医学等诸多基础学科。从其生理机制分析，它是基于人体大脑皮层运动条件反射的暂时性神经连接。这一具有普遍意义的生理学原理指导人们学习和掌握技术和技能。信息传递到小脑和基底神经节，经过小脑和基底神经节的思维协调，然后通过视觉中枢到达皮层运动区。皮层运动区向脊髓神经元发出指令，最终由骨骼肌执行。如果动作错误，则信息通过本体感受器反馈到中枢神经系统进行调节。

（三）认知心理学原理

为了形成和提高篮球技术，我们要感知篮球运动。首先，我们通过感觉器官学到技术动作，从而获得与篮球有关的感觉。这种运动感觉是人体感觉器官与感知到的技术动作直接接触而产生的识别。然后，在大脑中，将相关的篮球感觉结合起来，形成运动感知。准确快速的时间感知和空间感知对运动技能学习具有重要意义。

在篮球技术形成的过程中，还有一个专门的感知问题是必须要注意的，那就是观察能力和"球感"的训练。视觉是对刺激方向和距离的感知。这种空间感是快速判断和行动的前提，对于技术行动的应用更为重要。因此，我们必须在训练中加强观察能力的培养。"球感"在掌握和提高技术方面发挥着重要作用。它是通过长期的刻苦训练获得的一种特殊的复合知觉。这种复合知觉是训练中各种受体对刺激进行精细分析，并在大脑皮层形成复杂而稳定的神经连接的结果。提高"球感"的唯一方法就是了解球的性能和运动规律并不断练习。如果我们长时间不练习，"球感"就会消退，甚至会因为情绪和疲劳而减弱。"球感"也是篮球运动的重要心理标志。

二、篮球技术运用原理

篮球技术运用是指队员个人在比赛行动中合理使用技术动作的表现与发挥。

"在篮球运动百多年的历史进程中，攻与守的对立统一是篮球场上永恒的主题，一方面的进步总是为另一方面树立新的标杆，促使后者积极应对并由此激发新的实践灵感和创造空间"。[1]篮球比赛是双方球员在同一场比赛中相互制约并进行攻防对抗，在动态、干扰、破坏、应变的条件下完成动

---

[1] 刘庆广，霍子文.关于篮球防守理念发展趋势的思考[J].北京体育大学学报，2015，38（02）：122-126.

作。它应该最大程度地适应比赛不断变化的需求。没有固定的动作组合方案，而是随着环境的变化而变化，合理组合动作，完成攻防的具体任务。实践证明，篮球运动员技能的运用主要取决于：

第一，机智、综合意识、速度、准确性、适应性和实用性是技术竞争的要求。只有掌握熟练的单项技术，进而掌握大量的组合动作，才能应对比赛中复杂多变的局面。只有在行动之初努力练习，才能在实际应用中灵活变通。

第二，良好的身体素质和体能是技术应用的保障。篮球比赛的速度日益加快，对抗的竞争也越来越激烈。很多情况下，动作是在中高速和身体接触中完成的。这不仅需要全面良好的身体素质，还需要持续良好的身体机能，从而在比赛中争取时间和空间的主动权，在对抗和身体接触中控制身体平衡，稳定发挥技术水平。

第三，良好的心理素质在技术的应用中起着非常重要的作用，这在很大程度上决定了篮球技术的发挥。心理素质主要是篮球意识、意志品质和情感。意识支配着行动，对技术的应用起着指导和决定性的作用。坚强的意志、信心和克服困难的能力对技术的应用起到了积极的激励作用。篮球运动员的情绪稳定说明其自控能力好，可以排除内外干扰和影响，这是充分发挥技术水平的前提。

以上三点缺一不可。它们相互影响、相互促进，这是篮球技术应用的基础。

三、篮球技术提高的因素

促进现代篮球技术不断发展和提高的主要因素包括：运动员综合素质的提高，竞赛规则的不断完善，攻守对抗的激烈程度，比赛与交流，市场经济效应以及理论水平的提高与现代科技的推动六个方面。

（一）运动员综合素质的提高

良好的身体素质是运用技术的基础，身高是发展高空技巧的有利条件。

身体素质与身高的结合，尤其是高大运动员与速度和灵活性的统一是现代篮球运动发展的必然趋势，从而使比赛中攻守争夺的空间不断扩大。篮球技术运用的难度越来越大，许多高难技术的出现，都是在运动员自身综合素质发展的基础上得以创新的。

（二）竞赛规则的不断完善

篮球竞赛规则不断修改、完善，对篮球技术的发展起着促进作用。1936年国际篮联正式统一了篮球竞赛规则之后，每4年要修改一次，主要目的是限制不合理技术的发展。

早期篮球比赛的分区制限制了队员活动范围。因攻守区域分工明确，在攻区只有安排和布置擅长防守技术的队员。1897年取消了分区制，要求队员必须攻、守兼备，有力地促进了篮球技术向全面化发展。

1942年增加带球撞人规定，限制持球队员的横冲直撞，促使队员合理运用进攻技术，并向灵活、多变方向发展，同时也促进了合理防守技术的提高。有关进攻时间的限定，促使篮球技术和比赛节奏明显加快。限制区的一再扩大，迫使高大运动员的技术必须向全面、灵活方向发展。规则的演变和不断完善，决定了篮球技术的发展方向。

（三）攻守对抗的激烈程度

篮球比赛是进攻与防守的激烈对抗，攻、守对立统一规律决定两者的互相依存、互相制约和互相促进。篮球比赛实践证明，进攻技术往往起主导作用。在一定时期内进攻技术发展了，一定会促进防守技术的相应提高。防守技术的提高，也必然刺激进攻技术有新的突破。

20世纪40年代以后，各种跳投技术先后出现，使进攻技术发展很快。队员的攻击能力显著增强，迫使人们更重视对持球队员的防守；为削弱持球队员的攻击力，出现了各种紧逼、夹击等新技术，使防守产生了一个飞跃；防守的攻击性增强了，防守观念也随之发生了变化。紧逼和夹击技术突显巨大威力，迫使进攻队员控制球和支配球技术加快发展。20世纪70年代以后，进攻和防守战术都达到了一个新水平，移动进攻要求个人进攻技术向全面、快速、对抗和高空作业技巧化方向发展；综合多变防守战术的广泛运用，促进个人防守更具攻击性和破坏性，防守水平有很大提高，各项篮球技术都得到了发展与提高。

（四）比赛与交流

篮球比赛也为队员竞技能力的发挥提供了广阔的天地。比赛场上集中表现出队员应用技术的综合能力及应用技术的创造性。

由于篮球运动在世界范围内的广泛开展与交流，也促进了篮球技术的提高。随着国际篮联的成立及篮球运动被列入奥运会正式比赛项目，使篮球运动成为世界性活动之一。各种区域性、国际性篮球比赛频繁地举行，为篮球技术的交流提供了良好的机会。

（五）市场经济效应

篮球运动职业化是技术发展的重要途径。篮球运动的技巧性、对抗的激烈性，使其具有特殊的观赏价值；明星效应及强队比赛的传媒作用引起市场的广泛关注，球队的职业化使人才和技术转化为商品。价值驱动规律的作用，使人们对技术的投入和开发都与经济效益紧密联系在一起。

（六）理论水平的提高与现代科技的推动

理论与实践相结合，篮球训练与实战不断创新，促进篮球运动向着科学化方向发展。奥运会和年度比赛的周期性训练理论的发展，技术研究及其训练原理的开发，各种强制性、定量化训练方法的创新，以及借鉴其他运动项目在脚步移动、传接球技术和对抗能力等方面的经验和有效手段，使技术的发展与身体、战术、心理和智力等因素紧密结合，从而推动了篮球技术向高水平方向迅速发展。

现代科技在篮球运动中的运用，如专业人员运用人体生理学理论与方法，运用计算机等先进设备对篮球技术进行分析、评价研究，对篮球技术的发展和提高也起到巨大的推动作用。广大篮球爱好者和技术人员通过电视等传媒手段直接观看各国运动员在比赛中的精彩表演，对学习和借鉴先进技术也有重要促进作用。

第二节　脚步移动与运球技术教学

一、脚步移动技术

移动是篮球运动中运动员为了改变位置、方向、速度等所采用的各种脚步动作方法的总称。它是篮球技术的基础，是篮球运动中攻防共有的技术，是篮球初级班的学生必须要掌握的一个技术部分。

移动的种类有很多，初级班学生要掌握的移动技术有变速跑、变向跑、侧身跑、后退跑、急停急起、转身、滑步等。

（一）移动技术的动作要领

1. 变速跑

动作要领：加速跑时，两脚要突然短促而有力地连续蹬地，同时上体稍向前倾；减速跑时，前脚掌用力抵地来减缓前冲力，同时上体直起，身体重心后移。

易犯错误：减速跑时，上体没有直起，从而不能保证身体重心后移；加速跑时，上体没有前倾。

练习方法：跑类动作的练习方法一致。

（1）在场地内根据手势或其他信号做侧身跑、变向跑、变速跑、后退跑。

（2）在场地内做直线快跑、曲线快跑，利用三个圆圈做弧线跑，利用场上横线做折线跑。

（3）在场地内连续交替做各种跑，如直线跑—弧线跑、弧线跑—直线跑、变向跑—弧线侧身跑、变速直线跑等。

2. 变向跑

动作要领：变向跑时（以从右向左变方向为例），最后一步右脚蹬地时脚尖稍向内扣，前脚掌内侧用力蹬地，腰部左转，身体重心快速向左边移动，左脚向左前方快速跨出，右脚迅速跟上，加速前进。

易犯错误：身体重心没有快速移动。

3. 侧身跑

动作要领：在跑动的过程中头部与上体侧转向球的方向，脚尖要朝着前进的方向，保持跑速或者加速，还要完成攻守的动作。

易犯错误：在跑动的过程中上体没有侧转。

4. 后退跑

动作要领：后退跑时，用前脚掌交替蹬地提膝向后跑动，上体放松直起，两臂屈肘相应摆动，保持身体平衡，两眼平视，观察场上情况。

易犯错误：整个脚掌蹬地，容易失去身体平衡。

5. 急停

急停的动作有两种：跨步急停（两步急停）和跳步急停（一步急停）。

（1）跨步急停

动作要领：在快速跑动中急停时，先向前跨出一大步，并迅速屈膝，身体向后撤，后移重心。然后再跨出第二步，脚着地时，脚尖稍向内转，用脚前掌内侧蹬地面，两膝弯曲，重心保持在两脚之间，两臂屈肘且自然张开，帮助保持身体平衡。

易犯错误：跨出第一步以后，身体没有后撤，重心没有后移，导致跨第二步后不能停稳，身体失去平衡。

（2）跳步急停

动作要领：在中速或者慢速移动时，用单脚或双脚起跳，两脚同时着地，两膝弯曲，两臂屈肘微张，以保持身体平衡。

易犯错误：起跳以后，双脚没有同时着地。

（3）练习方法

1）慢跑中做跨步急停和跳步急停。

2）在直线快速跑动中做跨步急停。

3）在运球中做跳步急停和跨步急停。

6. 转身

动作要领：转身时，重心移向中枢脚，另一只脚的前脚掌蹬地，同时中枢脚以前脚掌为轴用力碾地，上体随着移动脚转动，以肩带腰向前或向后改变身体方向，转身后，重心要转移到两脚之间。转身可以分为前转身和后转身。前转身是移动脚蹬地在中枢脚前方（身前）进行弧形移动；后转身是移动脚蹬地在中枢脚后方（身后）进行弧形移动。

易犯错误：转身时，身体重心没有向中枢脚移动；移动时，身体重心起伏幅度太大。

练习方法：

（1）原地做跨步、撤步、前转身、后转身的练习。

（2）原地面对防守队员做前转身、后转身的练习。

（3）原地接球后做前转身、后转身传球或运球的练习。'

（4）跑动中做前转身或后转身继续跑的练习。

（5）运球中做前转身或后转身的练习。

7. 滑步

（1）侧滑步

动作要领：两脚平行站立，两膝较深弯曲，上体稍向前倾，两臂侧伸。向左侧滑步时，右脚前脚掌内侧蹬地，左脚向左跨出，在落地的同时右脚紧随滑动，向左脚靠近，两脚保持一定的距离，左脚继续跨出。在滑步时，身体不要上下起伏，眼睛要看着对手。向右侧滑步时，脚步动作相反。

易犯错误：滑步时身体上下起伏幅度太大。

（2）前滑步

动作要领：两脚前后站立。向前滑步时，后脚的前脚掌内侧蹬地，前脚向前跨出一小步，着地后，后脚紧随着向前滑动，保持前后开立姿势。

易犯错误：滑步移动时身体重心上下起伏。

（3）后滑步

动作要领：后滑步的动作方法与前滑步相同，只是向后移动。

易犯错误：向后移动时，身体重心上下起伏。

（4）滑跳步（碎步）

动作要领：两脚平行站立稍比肩宽，两膝保持弯曲，移动时，不停地用前脚掌蹬地，用小而快的步法向左、右、前、后移动。移动时步幅小，保持平步防守姿势，上体不要起伏。

易犯错误：移动时，两膝没有保持弯曲；没有保持平步防守姿势，用全脚掌蹬地。

（5）练习方法

1）看手势或其他信号做向左向右滑步、向后滑步、向前滑步的练习。

2）看手势或其他信号做向左、向右、向前、向后滑跳步的练习。

3）做一对一防守移动的练习。

（二）移动技术的注意事项

（1）移动技术经常是由几个脚步动作组合或与其他技术动作组合在一起加以运用，如起动—跑、接球急停—转身运球、滑步—起跳—断球、运球—跳起投篮或传球、转身挡人—起跳空中争篮板球等。因此，在掌握移动单个动作的基础上，应加强组合动作的练习，解决好动作之间的衔接与结合，才能不断提高移动技术运用的质量。

（2）移动技术的运用，不仅要有良好的身体素质和熟练的脚步动作做基础，而且还要有良好的观察判断、反应能力和篮球意识，以及顽强拼搏的精神。因此，移动技术运用应把意识、动作和心理因素三方面综合起来，才能提高移动技术运用的及时性、主动性和灵活性。

（3）移动技术的运用，要快慢结合、动静结合、真假结合，才能根据比赛中的实际情况，把主变与应变很好地加以结合，提高移动技术运用的及时性、主动性和灵活性。

二、运球技术

运球是指运动员用手连续拍按从地面反弹起来的球的动作过程。它是篮球比赛中个人进攻的重要技术，是组织全队进攻战术配合的重要桥梁。

学生经常进行运球练习很有必要，因为运球练习可以提高手对球的感应能力，提高控制球和支配球的能力。

运球的技术动作方法很多，篮球初级班的学生必须掌握的运球技术动作有高运球、低运球、体前变向换手运球、体前变向不换手运球、运球急停疾起等。

（一）运球技术的动作要领

1. 高运球

（1）动作要领：运球时，两腿微屈，目平视，手用力向下前方推按球，球的落点在身体侧前方，球反弹的高度在胸腹之间，手脚协调配合，使球有节奏地向前运行。

（2）技术运用：高运球身体重心高，速度快，便于观察场上情况。

（3）易犯错误：手脚配合不协调；没有推按球的后上方；球的落点不在身体的侧前方。

（4）练习方法。

1）原地高运球练习。

2）原地双手用两个球做高运球练习。

3）全场往返直线高运球练习。

2. 低运球

（1）动作要领：运球遇到防守时，两膝应该弯曲，身体重心下降，上体前倾，用上体和腿保护好球。同时，用手短促地按球，使球从地面向上反弹的高度在膝部以下，以便更好地控制球和摆脱防守，继续前进。

（2）技术运用：当受到对方紧逼时，常用这种运球摆脱防守。

（3）易犯错误：没有降低重心；球没有保护在两腿之间。

（4）练习方法。

1）原地低运球练习。

2）两人一组一球，一人低运球，另一人抢球。

3）一人用双手运两个球做低运球练习。

3. 体前变向换手运球

（1）动作要领：运球队员从对手右侧突破时，先向对手左侧变向运球，然后向右侧变向。变向时，右手拍按球的右后上方，把球从自己的右侧拍按到左侧前方，同时右脚向左前方跨出，上体左转，用肩保护球，然后换手运球，加速前进。

（2）技术运用：这种运球一般用于当对手堵截运球前进路线时，突然改变运球方向而摆脱防守。

（3）易犯错误：变向时或换手后拍球的部位不正确，没有用转肩、探肩的动作保护好球。

（4）练习方法。

1）原地体前变向换手运球练习。

2）原地"8"字形运球，即在两腿的外侧和中间交错运球，提高控球能力。

注意按拍球的部位，屈膝抬头，保护好球，左右交替。

3）行进间体前变向换手运球练习，队员围绕三个圆圈练习变向运球，运至两圆圈之间换手，在圆圈的外侧运球时必须用外侧手。

4. 体前变向不换手运球

（1）动作要领：突破对方时，先将球从右侧拨至体前中间位置，当对手向侧移动堵截时，迅速将球拨回右侧，左脚向右前方跨出，同时右手向前运球，加速前进。

（2）技术运用：一般用于行进间运球摆脱防守或原地运球时突然突破对手。

（3）易犯错误：假动作不逼真；手向左向右拨球部位不正确、不熟练；手、脚、上体配合不协调。

（4）练习方法。

1）原地体前变向不换手练习。

2）原地用两个球左、右手同时做体前变向不换手运球练习。

3）行进间体前变向不换手运球练习。

运球到障碍物时做横运球，随后做变向不换手运球超越障碍物。超越最后一个障碍物后，把球传给另一组的队员，轮流进行练习。

要求：变向运球时注意拍按球的部位，要降低重心，保护好球。摆脱障碍物时，变向超越的动作要快，要加速。

5. 运球急停疾起

（1）动作要领：运球急停时，按拍球的前上方；运球疾起时，蹬地，推按球的后上方。手、脚和上体协调配合，控制好重心。

（2）技术运用：运球向前推进时，可以用运球急停疾起的变化来摆脱防守。

（3）易犯错误：急停时没有拍球的前上方；疾起时，没有推按球的后下方。

（4）练习方法：练习运球急停疾起或变速运球。一组练完后交对面的一组队员，轮流进行练习。

6. 背后运球

（1）动作要领：当对手紧逼，无法用体前变向运球时可采用背后运球。以右手运球为例，变向时左脚往前，右手将球拉到右侧身后，上右脚同时将球从身后拍按至左脚外侧，然后换左手运球，从左侧运球突破。

（2）技术运用：当运球突破时，若右侧已被对手封死，而且两人之间距离很近时，不能运用体前变向突破时采用。

（3）易犯错误：①手脚配合不协调；②变向时手腕没外翻，球落点偏后。纠正方法是右手触球上左脚，背后拍球上右脚。

（4）练习方法。

1）脚步练习。上左脚并右脚练习，球反弹至右手时左脚上步，身体重心前移，将球留在身体右侧后方，并步时身体重心下压，右手将球拍至左脚外侧。

2）突破步伐练习。右脚并步时，左脚同时向前做一垫步，换左手运球突破。

3）从原地运球练习过渡到行进中运球做背后运球练习，再过渡到结合突破步伐的练习。

7. 运球转身

（1）动作要领：以右手运球为例，运球时以左脚为轴，做后转身，同时右手将球拉至身体左侧前方，然后换左手运球，右侧压肩抢位压制住对手，加速前进形成突破。

（2）技术运用：当对方逼近不能用直线运球或变向运球突破时，或被对手紧逼形成背向防守时，常采用此方法摆脱防守。

（3）易犯错误。

1）手、脚配合不协调。没触球先转身，球过不来。纠正方法是触球同时快速转身。

2）手法不对。正确的方法是球反弹回到右手时右手全手掌触球的正上方，在球向上缓冲时手腕外翻，触球的外侧上方，此时右手指指向左侧，控制好球，避免球在转身时的侧向移动。

3）重心起伏大。运球转身时要保持低重心，不要上下起伏，尽量控制在一条水平线上。

（4）练习方法。

1）运球力度控制。运球转身要借助球的反弹力量，将向上的力转化成一种向侧的力，这样转身时才能克服球的重力作用，因此运球的力要够大，力太小就无法克服球的重力作用。

2）协调性练习。触球同时快速后转身，转身时以左脚前脚掌为轴，保持重心快速后转身。

3）手法练习。针对触球后形成翻腕违例和没有外翻手腕的错误，练习触球外翻至球外侧方，并将这一动作保持到后转身时结束。中途不许打开手腕，避免出现运飞球的错误。

8. 胯下运球

（1）动作要领：以右手运球为例，变向时左脚在前，右手拍按球右侧上方，将球从两腿之间运至身体左侧，左手控球后上右脚探肩形成左侧突破。

（2）技术运用：在对方迎面堵截时使用，也可以组合成胯下运球变向突破。

（3）易犯错误。

1）球反弹触及腿部。纠正方法是重心下压，形成弓步，身体与左脚保持垂直，右手控球到胯下再离手，控制好击地点，落点在两腿之间。

2）左手触球后控制不住球。纠正方法是触球时左手掌与右手掌相对，在球刚反弹起来时触球，触球后手腕放松，引球至左腰侧并继续运球。

（4）练习方法。

1）击地点准确性练习。跨步姿势，原地运球做击地点准确性练习。要求练习时身体转正。球的落地角度保持45°，落点在两腿之间。

2）原地运球左脚上步成左弓步做胯下运球。要求右手触及反弹球时上左脚成左弓步，接着做胯下运球。

3）胯下运球衔接左手运球突破。要求换手运球后右肩向左侧前下方探出，压制对手，左手运球从对手右侧突破。

（二）运球技术的注意事项

（1）熟悉本队的战术，了解战术中的每一个进攻机会，便于掌握运球时机。

（2）扩大视野，全面观察场上的情况。当同伴被对方严密防守不能传球时，可以运球投篮或通过运球寻找传球时机。

（3）善于运用假动作迷惑对手，灵活地运用各种运球动作，借以摆脱防守的阻挠，并把运球与传球、投篮动作结合起来。

（4）准确地判断、及时地捕捉传球或投篮时机。当同伴摆脱防守抢占有利的进攻位置时，运球队员要及时地把球传给同伴；在防守队员失去有利的防守位置时，运球队员要及时地运球投篮。

（5）在发动快攻过程中，抢到防守篮板球时，防守队员积极封堵第一传、堵截接应队员，这时持球队员可运球突破摆脱防守，然后迅速地把球传给接应队员或快下队员；在快速推进和结束过程中，快下队员被对方严密防守时，可用运球快速推进或运球投篮。

（6）阵地进攻中，当对方扩大防区时，可用运球压缩防守；当进攻位置不合适时，可用运球调整位置；当对方用紧逼防守时，可用运球突破，打乱对方的防守部署；在采用控制球战术时，可以用运球拖延时间。

第三节　投篮与持球突破技术教学

一、投篮技术

投篮是进攻队员为了将球从篮圈上投入篮筐而采取的各种专门动作方法的总称。投篮是篮球运动的主要进攻技术，是得分的唯一手段。一切技术、战术运用的目的，都是为了创造更多的投篮机会，力争投中得分。因此，掌握好投篮技术具有重要意义。

投篮的动作方法很多，篮球初级班要求掌握的投篮动作方法有：原地双手胸前投篮、原地单手肩上投篮、原地跳起并手肩上投篮、行进间单手肩上投篮、行进间单手低手投篮、急停跳起投篮。

（一）原地双手胸前投篮

（1）动作要领：两手持球于胸前，手指自然分开，拇指相对成"八"字形，用指根以上部位握球的两侧后下方，手心空出，两臂自然屈肘，肘关节下垂，两脚前后或左右开立，两膝微屈，重心落在两脚上，眼睛注视瞄准点。投篮时，下肢蹬地发力，两臂向前上方伸直，前臂内旋，拇指下压，手腕前屈，食指、中指用力拨球，通过指端将球投出。球出手时身体随投篮出手方向自然伸展，脚跟微提起。

（2）易犯错误：投篮之前脚站立姿势不正确；投篮之前手持球动作不正确；投篮时，手和脚的用力不协调；投篮时，手腕没有前屈，食指和中指没有用力拨球；投篮出手后，双手没有跟随球的动作或跟随动作幅度不大。

（3）技术运用：原地双手胸前投篮的特点是投篮力量大，适用于中、远距离的投篮和罚球，便于和传球、运球突破相结合使用。比赛中，女运动员运用较多。

（4）练习方法。

1）正面投篮。队员每人一球，在罚球线上排成单行，自投自抢，依次反复进行。

2）各种距离、角度的投篮。队员面对球篮，每人一球，离球篮5～7米左右站成一个弧形。开始时，篮下有一人传球，投中者继续投，直到投不中为止。全部队员轮流练习后，按顺时针方向移动位置。

3）三分投篮加罚球。两人一组一球。开始时，队员投三分投篮后迅速冲抢篮板球并跑到罚球线上罚球一次；罚球后，抢篮板球，传给队友，然后回到队尾。队友照此法练习。练习一定时间后，比谁得分多。

4）两人一组一球，一人传球，一人投篮。规定连续投10～20次，或达到规定的投中次数。两人交换练习。

（二）原地单手肩上投篮

（1）动作要领：以右手投篮为例。右手持球于肩上，右手五指自然分开，用手掌外沿和指根以上部位托住球的后下方，手心空出，手腕后仰，球的重心落在食指和中指之间，肘关节自然下垂，置球于右侧肩的前上方，左手扶球的左侧，右臂屈肘，前臂与地面接近垂直。两脚左右开立或前后开立，两膝微屈，重心落在两脚上。投篮时，下肢蹬地发力，右臂向前上方伸直，手腕前屈，食指、中指用力拨球，通过指端将球投出。球出手时，身体随投篮方向向上伸展，脚跟微提起。

（2）易犯错误：投篮前脚步站立姿势错误；投篮前手持球动作不正

确；投篮时，手向前伸太多，向上方伸不够；投篮出手时，手没有屈腕，食指和中指没有拨球；投篮时，全身用力不协调。

（3）技术运用：原地单手肩上投篮是行进间单手肩上投篮、跳起单手肩上投篮的基础。运用这种投篮技术时，出手点高，所以适用于不同距离和位置，也便于和其他技术结合运用，是最先进的投篮技术之一。

（4）练习方法：原地单手肩上投篮的练习方法可以参考原地双手胸前投篮的练习方法。

（三）原地跳起单手肩上投篮

（1）动作要领：以右手投篮为例，两手持球于胸前，两脚前后（或左右）开立，两腿微屈，重心在两脚上，起跳时两腿迅速屈膝，脚掌用力蹬地向上跳起，双手举球随身体向上并形成单手肩上投篮动作，当身体接近最高点时球离左手，右臂向前上方伸直，手腕前屈，食指、中指拨球，通过指端将球投出。注意起跳要短促有力，保持身体平衡，落地时屈膝缓冲。

（2）技术运用：由于原地跳起单手肩上投篮具有突然性、出手点高、不易防守的优点，同时又具有可以与传接球、运球突破和其他技战术相结合的特点，在中距离投篮时运用较多。

（3）易犯错误。

1）出手动作慢，投篮时重心已下落。主要原因是伸臂速度慢于跳起速度，当身体接近最高点时手臂没有完全伸直，身体下降时手臂才伸直投篮。纠正办法是练习手脚同步，持球伸臂速度要与跳起速度一致，保证身体没下落前出手投篮。

2）边起跳边向上推臂投篮，没有滞空瞄篮动作。主要原因是举球时没有举至头顶，直接从腹部向前举球，没有向上动作造成没有滞空瞄篮过程。纠正方法是练习起跳同时向上举球而不是向前举球，必须强调要有滞空瞄篮过程。

（4）练习方法。

1）徒手做原地跳起单手肩上投篮。要求跳得高，有滞空瞄篮过程。让队员体会跳起与举球的配合，形成动作定型。

2）两人一组相隔5米面对面练习，要求动作规范，球要后旋并形成抛物线，落点要求在同伴头顶上方。

3）投篮练习，要求从稍近距离过渡到中远距离。

4）专项练习。练习腿部力量，跳起有一定高度；练习手臂、手腕力量，尽可能做到远距离能跳起投篮。

（四）行进间单手肩上投篮

（1）动作要领：以右手投篮为例。右脚跨出一大步的同时接球，接着左脚跨出一小步并用力蹬地起跳，右腿屈膝向上抬起，右手举球于肩上，当身体接近最高点时右臂向前上方伸直，手腕前屈，食指、中指用力拨球，通过指端将球投出。

（2）易犯错误：在没有跨出第一步之前接球，造成走步违例；第二步跨步太大，不能控制身体平衡；举球速度不快，造成投篮动作衔接不上；没有掌握好上篮的角度和起跳点；手脚配合不协调。

（3）技术运用：一般多在快攻或切入篮下时运用，也可以在中、近距离运用。

（4）练习方法：可以参考行进间单脚起跳低手投篮的练习方法。

（五）行进间单手低手投篮

行进间单手低手投篮有单脚起跳和双脚起跳两种。

1. 行进间单脚起跳低手投篮

（1）动作要领：以右手投篮为例。右脚跨出一大步的同时接球，左脚接着跨出一小步并用力蹬地起跳，右腿屈膝上提，双手向前上方举球。当身体接近最高点时，左手离球，右手外旋，掌心向上，托球，并充分向球篮的上方伸直，接着屈腕，食指、中指用力拨球，通过指端将球投出。

（2）易犯错误：跨第一步前接球，造成走步；起跳点离篮圈太远；第二步跨出太大，不能控制身体平衡；起跳后，投篮手向篮圈方向举球不迅速；投篮手投篮时手掌心没有向上；投篮时，食指、中指没有用力拨球。

（3）技术运用：一般多在快攻或突破对手后运用。

（4）练习方法。

1）半场传球上篮。两人半场传接球投篮，互换位置。

2）半场三人传、接球投篮。3人按路线跑动，传、接球投篮，依次换位进行。

3）半场三人交叉跑篮。队员按路线传球，交叉跑动接球投篮，然后抢篮板球，3人按顺时针方向轮换。

2. 行进间双脚起跳单手低手投篮

（1）动作要领：以右手投篮为例。左脚跨出一大步的同时接球，右脚迅速跨一小步，两脚同时蹬地向投篮方向跃起。投篮动作与单脚起跳单手低手投篮相同。

（2）易犯错误：起跳点离篮圈太远；双脚没有同时蹬地起跳。

（3）技术运用：一般在快攻或突破对手时运用。

（4）练习方法：参考行进间单脚起跳低手投篮的练习方法。

（六）急停跳起投篮

急停跳起投篮是进攻队员在行进间运用突然急停不摆脱防守转而进行投篮。急停跳起投篮又分为接球急停跳起投篮和运球急停跳起投篮两种。

（1）动作要领：在行进间运球时，用跨步急停或跳步急停，急停同时做好起跳准备，停稳后突然向上跳起，两手持球迅速上举，当身体接近最高点时前臂迅速向前上方伸直投篮。

（2）技术运用：急停跳起投篮是快速运球中寻机投篮的最好办法。此外，接球时当对手距离较远，采取快速起跳投篮可以避免对手封盖，是比赛中常见的得分方法之一。

（3）易犯错误。

1）衔接不好，起跳动作太慢。纠正方法是急停结束迅速开始起跳。

2）急停时脚步落位不对，造成不利于起跳或跳起后没有正对篮圈。纠正方法是多练习落位，急停前要预先判断双脚位置是否利于起跳，身体是否能正对球篮。

（4）练习方法。

1）步伐练习。练习好跨步急停与跳步急停的正确方法。

2）接球或运球中掌握急停正确方法。

3）落位控制练习。根据防守队员位置选择好落位，要做到接球急停时距防守者一步距离，既要最靠近篮圈又要避开对手封盖。运球急停时先要加速，待对方快速退防时突然急停跳起投篮。

二、持球突破技术

持球突破是持球队员运用脚步动作和运球技术快速超越对手的一项攻击性很强的技术。良好的突破技术能打乱对方的防守部署，创造更多的进攻机会，并且容易造成对手犯规而给其造成极大威胁。突破与中投、传球结合起来，能更好地运用战术，进攻更加机动灵活，效果更显著。

持球突破分交叉步突破、顺步突破、前转身突破、后转身突破四种。下面介绍交叉步突破和顺步突破。

（一）交叉步突破

动作要领：以右脚做中枢脚为例。两脚左右开立，两膝微屈，身体重心降低，持球于胸腹之间。突破时，右脚前脚掌内侧迅速蹬地，左脚向防守者右脚外侧迈进，重心下压，身体重心前移，将球引于左侧，形成落位后马上回移重心至右脚，身体迅速从左侧右转，左肩向右前方下压，左脚快速从左侧向右跟进，将球拉至右手，中枢脚蹬地从右侧运球突破。

（二）顺步突破

（1）动作要领：以左脚做中枢脚为例。准备姿势与交叉步突破相同，突破时左脚内侧快速蹬地，右脚向右前方跨出，向右转体探肩，重心前移，右手运球，左脚迅速跟上向右前方跨出，突破防守。

（2）技术运用：交叉步突破和顺步突破是个人突破技术中最常见的，在对手面对面防守时采用。运用过程中假动作要逼真，要吸引防守队员重心右移，尽可能争取防守者右移重心时快速从其左侧突破。另外，运用持球突破时要与投篮及传球结合起来。

1）当防守者重心上提、前移或防守队员移动能力差时，可果断突破。

2）利用突破迷惑对方，为同伴创造进攻机会。

3）对方队员犯规较多，可利用突破造成对方增加犯规，以杀伤对方有生力量，震慑对方的防守意志，赢得比赛的胜利。

4）为了扭转进攻的被动局面，可用突破技术打破对方防守部署，创造良好的进攻机会。

（3）易犯错误：常见错误是启动速度不够快，不能超越对手。纠正方法是加强启动速度的练习，争取做到在对手还没反应过来时突破成功。

（4）练习方法。

1）原地持球突破练习，要求掌握好突破的动作方法。

2）跳步接球后急停做突破练习。

3）利用瞄篮或传球假动作后做突破练习。

第四节　传接球与位置技术教学

一、传接球技术

（一）传球技术

传球是篮球比赛中进攻队员有目的地转移球的方法，是进攻队员在场上相互联系和组织进攻的纽带，是实现战术配合的具体手段。准确的传球，能够打乱对方的防御部署，创造更多的投篮机会。

1. 原地双手胸前传球

（1）动作要领：两手手指自然分开，拇指相对成"八"字形，用指根以上部位持球，手心空出。两肘自然弯曲于体侧，将球置于胸腹之间的部位。身体成站立姿势，眼睛注视传球目标。传球时，后脚蹬地，身体重心前移的同时前臂迅速向传球的方向伸出，拇指用力下压，手腕前屈，食、中指用力拨球将球传出。出球后身体迅速调整成基本站立姿势。传球距离越近，前臂前伸的幅度越小；传球距离越远，前臂前伸的幅度越大，且需要加大蹬地的力量。

（2）易犯错误：持球手法不正确；开始传球时，前臂没有迅速向传球方向伸出；传球时手腕不是由内向外翻；传球时拇指没有下压，食指和中指没有拨球。

（3）技术运用：双手胸前传球是最基本、最常用的传球方法，这种传球方法传出的球球速快，适用于不同距离，而且便于和投篮、突破等动作结合使用。

2. 点拨传球

（1）动作要领：以右手完成动作为例，呈基本站立姿势，当球在低点反弹至手时，借助球的反弹力量并利用手指弹拨力量改变球的方向，将球传给同伴。

（2）技术运用：常在运球或运球突破时使用，特点是隐蔽性强、快速，能收到意想不到的效果。

（3）易犯错误：①球反弹过膝才做动作，贻误了时机；②用手臂力量来传球，影响传球质量。纠正方法是多练习，领会屈腕、手指拨球的动作要领。

（4）练习方法。

1）低点触球。用足够的力量拍球（根据传球距离而定，距离短，力量小；距离远，力量大），当球刚反弹起来时手指触球后下半部（与传球方向相对而言）。

2）正面近距离传球。当手指触球时，要求手掌正对出球方向，手腕后屈，借助球的反弹力量，用手指轻拨球的后下部，使球改变方向传给同伴，并且要求球的路线有一定的抛物线，利于同伴接到球。

3）侧面、背后传球。手法与正面传球基本一致，只是出球方向不一样，方法都是手掌对着出球方向，屈腕，手指弹拨球。

3. 背后传球

（1）动作要领：双手持球于胸前，侧对接球队员，传球时，左脚向前迈出一步，双手持球右摆。当球摆到身体右侧，左手离开球，右手引球继续沿髋关节向后绕圈。当前臂摆至背后时，右手腕向传球方向急促前屈，食指、中指用力拨球，将球传出。

（2）技术运用：多运用于快攻结束时或突破分球时，特点是隐蔽性强。

（3）易犯错误与纠正方法：常见的错误是传球不到位，纠正方法是在多练习基础上牢记技术特点，如摆臂、急促扣腕、手指用力拨球。

（4）练习方法。

1）上步后摆臂。原地持球，左脚向前迈步，双手持球绕臀部经右侧向后摆臂。

2）原地持球练习传球准确性。此练习主要要求掌握出球方向及用力大小。

3）快速运球中完成背后传球。从慢速过渡到快速，从无人防守过渡到有人防守。

4. 长传球

（1）动作要领：用单手或双手借助腰、腿、臂的力量进行长距离的传球。

（2）技术运用：长传球主要用于快攻中的快速将球传至前场的同伴，形成无人防守或进攻方以多打少的局面。

（3）易犯错误：常见错误是传球不到位。纠正方法是加强力量方面的练习。

（4）练习方法。

1）运球中利用跑动的速度蹬地，双手持球做双手胸前长传球练习。

2）原地持球做后仰头上双手长传球练习。

3）原地或运球中做单手肩上长传球练习。

4）原地持球做侧面头上单手长传球练习。

（二）接球技术

接球是篮球的主要技术之一。在激烈对抗的比赛中，能否用正确的动作稳稳地接住球，对于减少传球失误、弥补传球不足以及拦截对方的球非常重要。

接球的方式有两种：双手接球和单手接球。接球时，眼睛注视着球，放松肩膀和手臂，手臂伸出、手指打开。当你的手指接触到球时，弯曲肘部并把手臂向后拉，以缓冲球的力量。双手握住球，保持身体平衡，后续紧接下一个动作。

1. 双手接球

双手接球是最基本的接球方法，也是在比赛中运用最多的动作之一。其优点是握球牢稳，易于转换其他动作。

（1）双手接胸部高度的球。接球时，两眼注视来球，两臂伸出迎球，手指自然分开，两拇指成"八"字形，两手成一个半圆形。当手指触球后，两臂随球后引缓冲来球的力量，两手握球于胸腹之间。保持身体平衡，做好传球、投篮或突破的准备。

（2）双手接头部高度的球。动作要领基本与双手接胸部高度的球相同，只是迎球时要向前上方伸出。

（3）双手接低于腰部的球。接球时，屈膝降低重心，一条腿向来球方向迈出一步，上体前倾，眼睛注视来球，双手伸出迎球。当手指触球后，两臂随来球后引，握球于胸腹之间，成基本站立姿势。

（4）双手接反弹球。接球时，迎球跨步，上体前倾，眼睛注视来球反弹的高度，两臂迎球向前下方伸出，五指自然张开。手指触球后，两手握球顺势将球移至胸腹间，保持身体平衡。

（5）双手接地滚球。接球时一般要向来球方向迈出一步，身体下蹲，眼睛注视来球，两手向来球方向伸出，手心向前，手指朝下。触球后顺势将球握住，随即保持基本持球姿势。

2. 单手接球

单手接球控制范围广，可以从不同方向接球。但是，单手击球不如双手击球牢固。因此，一般来说，尽量用双手接球。

如果用右手接球，用右脚向球走去，并注视着球。接球时，手掌呈勺状，手指自然分开，右臂向球方向伸展。当手指触球时，手臂将球向后向下引，左手立即持球，双手持球于胸腹之间，保持基本持球姿势。

二、位置技术

"从技战术角度来讲，篮球运动项目的首要特征就是运动员位置结构，它是技战术体系的基础。位置结构系统决定一支球队的战术形式和内容，影响球队的主流打法，表现球队整体的战术特点和比赛风格"。[1]

（一）位置技术教学的内容

（1）前锋：传接球、运球、各种投篮技术；抢篮板球技术。

（2）中锋：一是进攻技术：①抢位与接球技术；②策应与传球技术；③进攻综合技术和投篮技术。

二是防守技术：①防守无球中锋；②防守持球中锋。

（3）后卫：①运球技术；②突破技术；③传球技术；④投篮技术；⑤防守技术。

（二）位置技术练习方法

1. 前锋位置练习方法

（1）前锋队员投篮技术练习方法。

目的：掌握单脚起跳，单、双手扣篮的方法；提高高大队员的身体和脚步灵活性，提高伸展能力和弹跳能力，提高前锋队员投篮命中率。

练习一：一对一运球急停跳投练习。

两人一组一球。持球队员在左、右前锋位置处开始运球突破，另一队

---

[1] 高国贤，练碧贞，任弘，等.青少年篮球运动员位置因素实证分析与选材应用[J].体育科学，2017，37（09）：65-73.

员防守。进攻队员在运球突破过程中突然急停跳投。然后两人积极争夺篮板球，之后攻、守交换。

要求：防守队员要紧逼进攻队员运球。进攻队员在运球突破中注意观察防守队员的防守步法，并注意运用假动作，抓住时机立即投篮；急停突然，起跳快速，并注意控制好身体重心。

练习二：半场二对二突破投篮练习。

半场二对二。教练员可将球传给进攻队员，进攻队员接球后可投篮，可以突破上篮，也可以用突分的方法传给另一队员投篮。接突分球时必须投篮，不得再做任何动作，否则算违例。投篮不中抢篮板球可以再投，直至投篮中。如对方抢到篮板球或进攻违例则攻、守交换。投中一球得分1分，看哪组先得20分。

要求：防守队员可以协防、补防。进攻队员接球后，注意投、突结合，突分时应用隐蔽方式传球。

练习三：两人一组罚球练习。

1）两人一组进行罚球练习，一人罚球，一人传球，投10次或投中10次两人交换。

2）一人罚球一人传球，罚球队员连中2次为一组，罚中若干组两人交换。

3）同上练习，连中5次为一组，然后两人交换。

要求：队员按自己特点，设计自己罚球的程序，按程序进行罚球，不受外界干扰。

练习四：折反跑罚球练习。

两人一组一球，罚球前，罚球队员先在罚球线与中线间做3个往返折回跑，再连罚两次球为一组，完成5组后两人交换。命中率达到一定的要求（如80%以上），完成若干组。

要求：折返跑在快速中完成。罚球时，按比赛规则进行，否则罚球无效。罚球队员按自己的罚球程序进行。

（2）前锋队员抢篮板球练习方法。

多人连续跳起托球碰篮板练习。

目的：掌握抢篮板时起跳的时机和空中抢球以及控制球、身体平衡、肢体伸展的能力。

练习：队员在罚球线后站一纵队，第一名队员先将球砸向篮板，后边的队员依次跳起托球砸篮板，碰板后排到队尾。

要求：起跳后在空中要控制好身体平衡。手触球在头以上，要直臂触球。单、双脚起跳和单、双手触球都要练。可先练双手，熟练后再练单手。

2. 中锋位置练习方法

（1）中锋队员抢位与接球练习。

目的：掌握抢位与接球的动作方法，提高抢位与接球的进攻能力。

练习一：原地抢位练习。

两人一组，一人做抢位动作，一人做防守。防守人依次站在接球人的身后、身前和身侧的位置干扰接球。进攻人做出不同的抢位接球动作。教练员做传球假动作。各种位置的抢位动作做完后，攻、守交换练习。

要求：各种抢位动作正确；重心降低，身体稳定。

练习二：攻守对抗抢位练习。

两人一组，一攻一守，防守人用胸、腹顶挤进攻人。进攻人要用腰、背、臀和臂挤靠防守人，力争进入内中锋位置。10秒钟后，攻、守交换。

要求：双方要全力以赴抢位置，进攻人用腰、胯、肩、背用力挤靠防守人，两臂张开，两肘用力，扩大空间的占有面积。

练习三：原地抢位接球练习。

全队分成两组，一组防守，一组进攻。外围设两名教练员或队员传球。如进攻队员抢位正确，占据了有利位置，教练员可传球给抢位的队员。练习30秒后，两名队员站在对组排尾，换下组重新开始练习。

要求：防守人积极抢占位置，干扰进攻队员接球。进攻人靠背部感觉和余光判断防守人站位，做出正确的抢位接球动作，小步接球。

练习四：移动抢位接球练习。

两人一组，一攻一防，教练员协助传球，进攻队员采用交叉步转体、后转身和滑步挤身3种步法横滑移动抢位。教练员看到进攻队员把防守人挤压到身后时立即传球。进攻队员接球后进攻人身体稳定，向前移动马上回传给教练员，站到对侧做同样练习返回，进攻队员继续防守，20秒后，攻、守交换练习。

要求：①做交叉步转体横滑移动抢位的转体时，起动脚用力蹬地、转胯、插臂侧肩、两臂上举张开；滑动时，腰、臀用力，挤贴防守人。②做后转身横移抢位时，要紧贴对手转身，把防守人挤压在身后；③做滑步挤身横滑移动抢位接球时，腰、胯用力，背、肩紧贴防守人，两臂上举张开。

（2）中锋进攻的综合训练。

目的：掌握中锋综合进攻技术，提高中锋攻击能力。

练习一：在防守犯规的情况下，中锋进攻练习。

由教练员或一名队员在篮下固定防守，进攻队员在内线强攻时，教练员故意做推、拉、盖等犯规动作，加大队员进攻的难度，增加心理压力，加强攻、守对抗。队员投篮后抢篮板球站在队尾，其他队员依次轮流练习。

要求：防守队员犯规动作不宜过大，避免受伤；进攻队员要运用身体，主动发力挤靠防守队员，合理运用抢攻技术。

练习二：中锋篮下二攻二练习。

队员4人一组，两攻两防。进攻队员可以个人摆脱抢位接球，也可以相互掩护摆脱接球攻击。投篮后双方拼抢篮板球，进攻组抢到篮板球继续进攻，直到投中为止。防守组抢到篮板球后立即传球给教练员，攻、守交换练习。

要求：攻防都要积极认真、全力以赴，进攻队员合理地运用强攻动作，掌握时机的运用和节奏的变化。

3. 后卫位置练习方法

（1）掩护技术练习方法。

目的：提高后卫队员运球和传球技术。

练习一：一对一运球练习。

半场范围内，运动员在有防守的条件下进行运球练习。进攻队员做各种运球以摆脱防守，防守队员运用各种脚步动作阻止进攻队员向篮下突破。

要求：防守队员要积极移动紧跟进攻人。

练习二：一对二运球练习。

半场范围内，运动员在两个防守的情况下进行运球练习。进攻队员试图保护好球，并伺机突破对手。这个练习的难度高于一般的对抗练习。因此，应在运动员已经基本掌握了各种运球技巧的基础上进行训练。

要求：运球人想方设法突破，两个防守人要伺机抢球。

（2）传球技术的练习方法。

目的：提高队员的传球技术。

练习一：三对三传接球练习。

3名进攻队员分别处在后卫和前锋的位置，每次进攻均要求做8次以上的传球才能开始进攻投篮。传球也包括突破后的分球。如传球失误，将交换防守。

要求：在有防守情况下，传球时注意隐蔽。

练习二：四对四传接球练习。

4名进攻队员分别处在后卫和前锋的位置，每次进攻均要求做12次以上的传球才能开始进攻投篮。传球也包括突破后的分球。若传球失误，将交换防守。

要求：同上一练习（练习一）。

（三）前锋战术意识的培养

1. 在技术训练中渗透战术意识

篮球比赛中的战术意识是前锋球员在长期的教学、训练和比赛中逐渐积累的。在教学和训练过程中，教练不仅要讲解动作规范和方法，同时，技术应用的目的性、对抗性和隐蔽性也应在每项技术的教学中一点一点地进行有意识地加工、渗透和提炼，从而使球员形成正确的潜意识，积累技术应用的经验和规律，要重点培养前锋球员的观察能力、分析判断能力和视觉选择能力。

2. 在提高文化素质、优化知识结构的基础上培养战术意识

现代篮球比赛集集体性和综合性于一体，需要运动员具有更聪明的才智和意识，而掌握必要的理论知识基础，对提高球商和球感起着重要作用。当前大多数优秀运动员都十分重视自己的文化知识体系，他们绝大部分都是从各大学毕业生中选拔出来的优秀运动员，善于从文化知识中吸取营养、增强灵感、开拓思路、拓宽思维，对篮球运动具有更丰富的想象力、理解力和创造力，所以他们在比赛中能更深刻地理解教练员、队友的战术意图，场上的综合分析能力、抽象思维能力和随机应变能力等都反映出他们具有非凡的战术修养和个性化特征。前锋队员必须在掌握专项理论知识的同时，加强自然科学、社会科学和综合学科的理论知识的学习，这是优化知识结构、提高战术素养、增强战术意识的重要内容。

3. 提高心理素质，同时培养战术意识

良好的心理素质是前锋运动员战术意识发展的另一个重要因素。在技术训练过程中，加强对认知能力、意志品质和心理调节的训练，可以提高前锋球员的心理能力，为战术意识的提高打下坚实的基础。运动员专业感知能力的建立是培养战术意识的重要内容。因此，加强运动员的球感、空间感、平衡感和临场感的训练，可以提高运动员感知的反应速度。反应速度的提高表明前锋球员战术意识活动的反应时间缩短，有利于提高意识活动的效率和战术行动的效果。

此外，比赛中的心理素质训练是培养和提高前锋球员战术意识的重要手段。例如，培养他们顽强的意志品质，提高他们的自我调节能力和情绪控制能力，学习心理状态自我调节的方法，有利于为现场比赛创造良好的心理环境，使竞争水平和战术意识处于最佳状态，确保体育运动员在比赛中在正确战术意识的控制下，能够采取最合理的战术行动。

（四）后卫必备的基础素养

1. 心理素质

核心后卫必须是一名具有独立见解、有毅力、有魄力、有自控能力、善于克服困难、作风顽强的运动员。在球场上遇到各种干扰和刺激，核心后卫应该能够控制自己的情绪并保持冷静。尤其是在实力相当的情况下，心理稳定将是胜负的决定性因素，心理状态的维持取决于性格特点和个人气质。因此，核心队员的认知能力、感知运动的反应能力和动员能力都应优于其他球员。

2. 身体素质

核心球员必须具备良好的身体素质。身体素质是掌握技术、战术和发展高难度技能的基础，是对抗的资本。只有跑跳能力好、力量强、灵敏度高、反应快的球员，才能掌握高超的技巧，发挥核心球员的重要作用。

3. 技术素质

（1）接应与推进。由守转攻时，在可能的情况下要尽量争取和创造快攻机会。一般情况下，核心后卫应该是快攻战术的发动者和组织者。其主要职责就是：

1）迅速接应球和控制球，不但要把球接到，还要通过自己的控球能力和准确的传球，将球迅速而安全地输送到前场。

2）观察判断双方队员所处的位置及变化情况，捕捉有利的战机。一旦出现快攻的时机，就要在最短的时间内把球推进到最合理的位置，或输送到最利于攻击的同伴手中。

3）如果形成以多打少或人数对等的局面，也需要核心后卫及时跟上，并在弧顶一带接应、配合，起到承上启下、前后衔接的作用。

（2）控制进攻节奏。控制进攻节奏并不是说放弃快攻机会，压球慢慢进攻，而是指在双方人数相等（三对三或四比四）的情况下，将球合理地推到前场并且根据场上的形式判断需不需要抢攻。因为在快攻和阵地进攻之间，往往有一个冲攻阶段（也称为追击），即快攻受阻，且防守方还没有完全落地，暂未形成有效的防守阵型的阶段。这时核心后卫要做出正确判断，控制好进攻节奏：

1）当本方力量比较占优势的时候，可以选择抢攻。

2）双方虽然实力相当，但占据有利位置的情况下，本方可以等待形成合理的进攻阵型后，再进攻。

3）当比分暂时落后，但仍有机会追回时，需要加快比赛节奏时，需要抢攻。

4）当最后时刻比分领先对方时，如果没有绝对的成功把握，切不可盲目组织抢攻。这时，核心后卫要牢牢控制自己或同伴手中的球，降低攻击速度，尽量减少错误的投球或传球，以确保胜利。

（3）组织指挥阵地进攻。在比赛进入阵地攻击阶段时，核心后卫的主要任务就是根据教练员的指令组织、实施既定战术：

1）根据所运用的战术配合，迅速组织和形成一定的阵势和队形。

2）运用合理的配合方法，确定主攻方向，选择好攻击点和攻击时机，组织起有效的攻击配合。

3）注意观察局势的变化，捕捉战机，及时地、有针对性地变换战术配合。

4）在既定战术打法受阻时，要及时调配避免被动，灵活多变地转入机动攻击，并保持攻守平衡。

第二章 篮球运动战术与教学研究

第一节 篮球运动战术原理分析

一、篮球运动战术设计原理

（一）篮球战术设计原则

篮球战术设计是指运动员根据不同的原则、内容与形式，部署与运用具体的战术方案，包括具体的战术打法、战术阵型和战术特点等。"战术是篮球运动的重要组成部分，战术训练也是球队训练的重中之重。战术训练不仅具有技术训练的不断重复、熟练的过程，更具有集体性、攻守平衡性、多变性等特点，所以训练过程复杂而多变。如何搞好篮球战术训练，并能在比赛中合理地、灵活地运用战术，最大限度地发挥集体力量和个人作用，是摆在每位教练员面前的重要课题"。[1]战术设计的好坏能反映出一个篮球队的技术水平的高低。在篮球运动实践中，战术设计应遵循以下四个原则：

（1）均衡性和连续性原则。首先，篮球战术的设计关系到整个比赛的输赢，因此应从整个比赛攻守动态的过程去考虑篮球战术。在战术开始发动到战术结束的整个转换过程中，都要对运动员的位置分布、移动、衔接、主攻与辅攻、强侧与弱侧、内线与外线、快与慢等进行考虑和部署。其次，不同战术之间的转化应迅速、及时，以免对方有机可乘，因此，应注意战术的衔接、变化、实施的连续性，做到有序不乱。

（2）针对性与优化性原则。一方面，篮球战术的设计应有明确的目标，有针对性地计划和实施战术，使战术的运用既能发挥本方优势又能限制

---

[1] 张成龙. 现代竞技篮球战术训练新思考[J]. 广州体育学院学报，2012，32（06）：77-80.

对方；另一方面，篮球战术的阵容结构要优化组合，既要有突破一点带动全局，又要有各种不同形式的搭配，能根据赛场态势优化组合、出奇制胜。

（3）长远性和近期性原则。篮球战术的设计应重视长远性和近期性相结合，在与篮球队近期的比赛任务相结合的基础上，重视与篮球队的长远奋斗目标、指导思想相结合，通过阶段性、年度性的训练计划逐渐培养和形成本队的打法与风格。

（4）稳定性和机动性原则。篮球战术的设计应重视稳定性和机动性相结合，在战术指导思想和战术方法的实施上，坚持执行本队既定战术打法，同时辅以其他应变性措施，充分发挥队员在比赛中的主观能动性，根据具体情况机动灵活地运用篮球战术。

（二）篮球战术设计程序

（1）确立篮球战术理念。篮球战术理念是篮球战术思想的精髓，具有个体性特征，能最大限度发挥全队成员技能、体能、心理素质等综合潜能，构建符合实际的行之有效的战术模式。在现代篮球运动实践中，教练员和运动员应当根据篮球运动的竞技特征和规律，正确把握篮球运动的前沿趋势，认真分析自己在运动实践中遇到的各种战术问题，确立正确的篮球战术理念，以更好地指导篮球运动实践。

（2）提出篮球战术模式。战术模式的建立不是一蹴而就的，需要教练员或运动员在认真分析篮球队已经确立的战术指导思想、研究战术的实质与原则的基础上，对所选择的战术打法提出初步的设想，紧密联系本队的技术水平、特长，提出具体的篮球战术模式，并结合实践经验，进行优化组合。

（3）制订篮球战术环节。制订篮球战术环节是篮球战术设计的重要步骤，战术环节是否明确、合理、衔接流畅等直接关系到战术设计的成功与否。因此，必须对篮球战术的各个环节进行细致周密的考虑，如队员位置、队员职责、移动路线、战术阵势、攻击时机、攻守平衡与转换等。

二、篮球运动战术运用原理

（一）篮球战术的指导思想

篮球战术的指导思想是篮球战术的重要构成部分，是篮球战术内容的核心和前提。篮球比赛变化多端，树立正确的战术指导思想是科学实施篮球战术的第一步，具体应注意以下两点：

首先，教练员和运动员必须正确地认识与处理篮球技术与战术、篮球战术与谋略、篮球战略与战术、篮球意识与行动等之间的关系，认真分析篮球比赛中各种复杂多变的战术应用形势，在篮球运动规律的指导下，审时度势地采用进攻与防守、区域与盯人、正面与侧面、内线与外线、紧逼与松动、常规与特殊、高度与速度、分散与集中等战术打法捕捉战机，争取主动。

其次，教练员和运动员应注意分析篮球比赛的赛场形势变化，做到从实际出发，分清主要矛盾与次要矛盾，分清主次及其相互关系，明确在一定条件下主次之间的相互转化，针对主要矛盾充分发挥运动员的主观能动性和战术配合优势。

（二）篮球战术的科学实施

篮球战术的实施由开始组织、配合攻击、结束转换三个阶段构成：

（1）开始组织。开始组织是指攻守结束后，下一回合的开始阶段的战术实施。主要表现为双方各自转入有组织的进攻或防守阶段，根据各自的战术迅速进入激烈的对抗阶段。

（2）配合攻击。配合攻击是指队员之间相互协同组织攻击或制约对方的行动。篮球进攻战术的目的是投篮得分，篮球防守的目的是争夺控制球权。配合攻击就是结合战术目标，进行战术方法、主攻方向、防守突破、时机捕捉、策应变化等的配合。

（3）结束转换。结束转换是指在完成攻击的同时，顺利转入下一回合的对抗。在篮球运动实践中，抢篮板球是篮球攻守战术方法的重要组成部分，获得球权是攻守转换的重要信号。在战术运用过程中，整个篮球队应注意保持攻守平衡，以便于顺利组织下一次的有效进攻和防守，避免出现措手不及让对方有机可乘的现象。

（三）篮球比赛的战术准备

篮球比赛的战术准备是根据比赛双方的具体情况，有针对性地找出比赛中实施某种战术的方案，赛前战术准备的主要任务和内容包括以下四个方面：

（1）确定方案。确定战术方案是指确定具体的战术打法，必须有周密的调查研究和合理的组织力量。

（2）战术部署。战术部署的主要内容在于确定上场阵容（主力阵容）及替换原则，明确主要的战术打法，提出关键的战术环节和具体的战术实施要求，制定比赛中可能出现意外情况的应变战术，明确比赛过程和态势，确保战术可行性和有效性。

（3）调整心态。调整心态是为了激发运动员的比赛状态和竞争精神，使运动员以最佳的心理状态投入比赛。在比赛前，应针对运动员在比赛过程中可能出现的各种心理反应提出适当的调整措施，提高运动员承受各种心理压力的能力。

（4）战术运用。在比赛前，每名运动员都应该明白和坚决贯彻战术指导思想和战略意图，统一思想、统一行动，在强调以整体战术行动为主的前提下，允许个人临场情况的灵活应对和技能发挥。

第二节　战术基础配合的方法与要点

篮球战术组织形式种类繁多、变化各异。一个队以何种战术形式为主，突出什么样的战术打法和配合，做哪些必要的战术储备，这些都是教练员在训练过程中要解决的问题。球队战术打法形同于运动员的技术，大部分情况是在掌握基本技术的前提下，以某一两项技术为自己的特长和重点。一个球队的战术打法更是如此，在以一整套攻守战术体系为主的前提下一般只是做局部的调整。一个球队需要设计一整套的攻、守战术，并迅速转化为全队的战斗力，而且要根据比赛中的情况变化做出符合实际状况的战术调整。解决比赛中的问题是战术的核心。

在篮球比赛过程中，攻、守双方在某一区域内，在两三名队员间有目的、有组织地进行联合行动而形成的一定的攻、守合作方法称为基础配合。它包括进攻和防守两个部分：进攻基础配合是为了创造攻击机会，合理地运用进攻技术而组成的配合方法，通常有传切配合、掩护配合、策应配合、突分配合四种形式；防守基础配合则是为了破坏对方的进攻配合，或当同伴防守出现漏洞时及时地给予协助，相互合作共同完成防守任务的配合方法，通常的配合形式有交换防守、关门配合、挤过配合、夹击配合、补防配合等。

"现代篮球比赛中攻防对抗激烈，身体接触非常多。篮球运动员的身体条件越来越好，个人防守能力越来越强，而且各队都很重视防守，要求篮球运动员不仅要有良好的个人技术能力，而且要有协同作战的配合意识"。[1]基础配合在篮球比赛中具有十分重要的作用。

首先，它是组成全队攻守战术的基础。在比赛中，双方为了在攻、守对抗中达到制约和战胜对方的目的，都要采用各种不同形式的战术，而这些全队攻守战术就是由一系列不同形式的基础配合的集合来共同构建的，如果把全队战术比喻成一张网的话，基础配合就是这张网上的各个结点。

其次，基础配合是技术与战术相互联系的纽带。在比赛中，各种单个技术和组合技术的运用都是以基础配合的形成来体现的，它不单是应用各种攻守技术的基本形式，同时还能把各种攻防技术有机地组合起来。

配合时机和完成配合时的技巧是影响配合质量的重要因素。基础配合训练的目的就是在掌握配合方法的基础上，在对抗中强化配合的意识，提高配

---

[1] 谢东伟. 浅析掩护配合在篮球战术中的运用[J]. 体育科技文献通报，2016，24（01）：44-46.

合质量，从而达到提高攻防效率的目的。

一、进攻战术基础配合

（一）突分配合

突分配合是有球队员利用突破技术摆脱防守，当遇到其他防守队员补防造成防守部署打乱时迅速将球传给进攻位置好的同伴的配合。

（1）动作要领：有球队员突破防守后，首先考虑个人运球上篮。当发现有防守队员进行补防时，马上观察场上情况，果断将球及时传给进攻位置好的同伴实施攻击。

（2）配合要求。

1) 突破前要首先观察场上具体情况，当对方的防守部署利于突破时，要果断实施突破。

2) 突破的动作要突然、快速，在突破过程中，要随时观察场上攻、防双方的变化，既要做好投篮准备，又要考虑遇到补防时的分球。

3) 当进攻队员实施突破时，其他进攻队员要掌握好时机及时跑到有利进攻位置上准备接同伴的球。

4) 突破分球配合要与全队进攻战术结合使用才能发挥最好效果。

（3）易犯错误。

1) 只顾突破上篮，当遇到对方补防时球没法传出。

2) 与同伴配合不协调，造成该投篮时不投篮，该传球时不传球的现象。

3) 同伴的配合意识差，没有及时拉空接球，造成突破队员没法传球的局面。

（二）策应配合

策应配合是指内线队员背对或侧对球篮接球，以他为中枢，与外线队员的空切相配合而形成的一种里应外合的配合。

（1）动作要领：策应队员先抢占有利位置，接球后两脚开立，屈膝，上体稍前倾，两手持球于腹前，用臂和身体保护球。外围队员利用假动作和策应队员的身体掩护摆脱防守并接策应队员的传球切入篮下进攻。

（2）配合要求。

1）策应者要及时抢位接球。

2）充分利用手臂、身体、腿部保护好球。

3）既要利用好自己的攻击机会，又要根据场上具体情况，处理好进攻与传球的关系。

4）策应完成后要跟进抢篮板球。

（3）易犯错误。

1）抢位不及时，没法占据最有利的位置。

2）接球后没有充分利用转身、跨步、假动作等技术调整位置与方向，策应手段比较单一。

3）主次不分，接球只想自己进攻，忘记自己的枢纽策应作用，忘记给同伴创造进攻机会才是策应的主要作用。

二、防守战术基础配合

（一）挤过配合

（1）动作要领：当对方掩护队员临近自己的一刹那，积极向前跨出一步，贴近自己防守的对手，并从两个进攻队员之间侧身挤过去，继续防住自己的对手。

（2）配合要求。

1）防守自己的对手同时要随时观察场上情况，及时发现对方的配合意图。

2）向前跨步动作要及时、突然、有力。

3）与同伴要协调防守，尤其是补防。

（3）易犯错误。

1）视野不宽，只盯着自己防守的对手，没能及时发现对方的掩护队员。

2）反应及启动速度慢，没能从两个进攻队员之间挤过去。

（二）穿过配合

（1）动作要领：当进攻队员进行掩护时，给同伴做掩护的队员应及时提醒队员并主动后撤一步，让同伴及时从自己和掩护队员之间穿过，继续防住自己的对手。

（2）配合要求：防守掩护的队员要及时提醒同伴并主动让路，两名防守队员之间要相互沟通，形成默契。

（3）易犯错误：两个防守队员之间没有沟通，致使防守中不明确采取何种方法防守，造成配合不协调现象。

第三节　全场紧逼人盯人防守与进攻全场紧逼人盯人

在现代篮球比赛中，全场紧逼人盯人防守是最具"杀伤力"和"破坏力"的战术之一，也是使用较为普遍的防守方法之一。为了扩大战果，或是反败为胜，世界强队均采用这种防守方法。全场紧逼虽然是有一定的"杀伤力"，但在使用中会增加对抗强度，增加犯规次数，消耗更多的体力，因此在训练中要更加注意防守的技术和加大训练强度及运动量。

一、全场紧逼人盯人防守战术

全场紧逼人盯人防守，要求临场的每一个防守队员，从自己的前场开始就要对对手进行紧逼防守，对进攻队员采用堵截、夹击、换防、抢断等防守配合，达到延误或破坏对手有计划、有组织地进攻投篮的目的。

根据进攻队在前场、中场、后场进攻战术的不同，全场紧逼人盯人防守须采取相应的不同战术配合。在教学训练安排上先教前场紧逼，再教中场紧逼和后场紧逼，最后进行完整的训练。

（一）全场紧逼人盯人防守方法

全场紧逼人盯人防守是在全场范围内与对手展开争夺。一般分为前场、中场和后场3个区域进行防守。在前场，对方掷界外球时，一般采用一对一紧逼、夹击接球者或机动夹击等紧逼方法。对方抢到后场篮板球时，一般采用就近找人的方法，尤其紧逼抢到篮板球的队员和接应队员。在中场，防守控制对方进攻速度，迫使持球队员按防守意图向边线运球、传球或在中线边角处停球，以便夹击和抢断，使对手在慌乱中失误或违例。在后场，一般应继续扩大防守，对持球队员积极堵运、封传，组织夹击，其他队员要大胆错位和补位防守，防止进攻队员穿插到篮下接球，并伺机抢断，组织反击。

1. 在前场时紧逼人盯人防守

在前场时紧逼人盯人防守，包括以下三种情况：

（1）对方抢到篮板球时。对方抢到篮板球时，攻守位置发生变化。为了尽快找到防守对手，则须打破固定盯人的界限，采用离谁近就防谁的方法。尤其是离持球队员近的队员，必须迅速逼近持球队员，封堵第一传和不让其运球突破，破坏其快攻配合或延误其打快攻的速度。其他防守队员要堵截对方的接应队员，并卡好两边，截断其长传球路线。

（2）跳球时或球被抢断且对方获球时。跳球时或球被抢断且对方获球时，其防守配合与对方抢到篮板球时的防守配合大致相同。唯一不同的是当在中场跳球时，对方采用快攻战术，其投篮成功的可能性最大。这时防守队的后卫队员一定要抢占内线位置，不让对方队员顺利进入限制区内投篮。尤其是球进入前场靠近限制区时，更要加强与对手抗争，抢先占据对手的有利位置，迫使对手没有机会进入限制区内投篮。

（3）对方掷界外球时。当对方掷界外球时，防守队员一般可放弃对掷界外球队员的防守。也就是说，防守掷界外球队员的队员在场内与同伴一起夹击接应第一传的进攻对手。若夹击没有成功，其对手已接到界外的第一传，则再回过头来防守那个掷界外球的对手。其他防守队员要抢占有利位置，伺机断球。

2. 在中场时紧逼人盯人防守

在中场时紧逼人盯人防守，包括以下三种情况：

（1）对方进行突破时。对方进行突破时，此时进攻队的第一传已经成功，接应第一传的队员往往是控制球和突破能力较强的队员，防守他的队员一定要加强脚步移动，努力保持正确的防守位置，力求不让其突破，迫使其向边线运球。一旦其运球至近边角外，就近的防守队员可大胆地上前与同伴进行夹击，迫使对手停球。若对手已运球突破，则就近的队员要及时地进行补防，防其传球或投篮。其他队员也要及时地依次进行换防。

（2）对方掩护时。对方采用掩护时，防守队员要尽量采用挤过防守或穿过防守技术来紧盯自己的对手，而不要采用换人的防守配合来防守自己的对手。若对方掩护配合做得比较好，不能挤过或穿过防守时，则防守队员要及时地互相提醒进行换防，不能造成"漏人"，致使对方趁机投篮。

（3）对方策应时。对方策应时，防守队员应了解对方进行策应配合的意图，了解对方的策应区域，之后果断抢前防守，占据其策应位置，阻挠策应队员接球。邻近的防守同伴除了注意防守自己的对手外，还要伺机抢占对手的传球路线，大胆抢断传给策应队员的高吊球。

3. 在后场时紧逼人盯人防守

在后场时紧逼人盯人防守，可按半场人盯人防守战术配合进行练习。

（二）全场紧逼人盯人防守要点

（1）由攻转守时全队思想统一、行动一致，就近找人，紧逼各自对手。

（2）积极移动，阻扰对手摆脱、接球、运球和投篮。

（3）积极运用夹击、堵截、换防、补防等战术基础配合。

（4）大胆、果断、准确地进行抢、打、断球，获球后快速反击。

（5）快速退守至有威胁的攻击区域。

（三）全场紧逼人盯人防守练习

目的：培养全场紧逼人盯人防守意识，提高全场紧逼人盯人防守配合和夹击、补防能力。

练习一：二防三的练习。

3名进攻队员站于篮下，两名防守队员站于罚球线延长线上。在教练员的示意下，防守队员就像防守快攻一样迅速撤回后场。此时可根据情况向进攻队员发出快攻的信号。防守队员要迅速落成前后防守站位，除不允许对方在外线跳投外，尽量迫使进攻队员多传球，并放弃其他攻击行动。此练习也可进行三对三的对抗，但要延迟第三名防守队员行动的时间，这样才能练习中强调防守队员要迫使进攻队员尽可能多地传球，为第三名防守队员快速投入防守创造机会。

要求：当练习两名队员前后落位防守时，教练员要给防守队员足够的时间快下及落位。随技术水平的提高，进攻队员的移动要更加迅速，以此对防守队员的防守能力与反应能力提出更高的要求。

练习二：全场三对三紧逼。

有3名进攻队员和3名防守队员。练习从防界外球开始，防守队员要尽量最大努力对掷端线界外球的队员进行干扰与封阻。落在罚球线外的进攻队员先开始移动摆脱防守，另外一名进攻队员向相反的方向摆脱防守。假如进攻队员进行掩护配合，防守队员必须紧防自己的对手，练习中不允许换防。如果掷界外球成功，防守队员则进行全场紧逼防守，阻止对手向前场运球，并力争抢断对手的传球。练习一直持续到进攻得分或发生控制球权的转换为止，攻防队员相互转换角色并从另一方向开始练习。当他们回到练习的起点时，下一组三对三练习开始。

要求：攻、守转换要始终保持高速度、高强度。

练习三：三夹一防四的半场对抗练习。

此练习由4名落位于中场线附近的进攻队员和呈三角落位的3名防守队员（第四名防守队员落位于中圈的另一半圆内），进攻队员要充分利用人数的优势并力争快速投篮得分，防守队员则要适当收缩防止对手突破上篮。练习要强调快速进攻得分的重要意义。第四名防守队员在练习开始时必须先跑到对面罚球线，才能返回协助同伴进行防守。

要求：教练员必须强调对进攻方第一传球施加防守压力，然后进行快速的轮转防守，破坏其后的每一次传球，为第四名队员的回防创造机会。

练习四：对进攻队员中线外持球紧逼的练习。

5名进攻队员持球准备进攻，进攻时间只有24秒，24秒钟内没有进行投篮，防守队员得5分，然后进攻一方继续担任进攻。当在规定时间内投篮时，所有的进攻队员都应积极拼抢篮板球。但是，本练习中防守队员即便控制了篮板球也不允许发动快攻，他们抢获一次篮板球即可得1分。若进攻队员投篮命中则得3分。无论是攻方投篮得分，还是守方抢到篮板球或球权发生转换，防守一方都要尽快准备掷端线界外球，而进攻队员则马上转入紧逼防守。当新的防守队员断球成功、逼发端线球成功或在球过中线之前球权发生转换，都可得3分。当新的进攻一方将球推进过中场线，他们可有24秒的进攻时间。得分标准的制订应倾向鼓励防守能力的提高。

要求：练习重点应放在干扰掷端线界外球、控制传球路线与落点以及阻止运球队员向前场运球。进攻队员要有冲抢篮板球的意识，但在篮板球未明确球权之前不得有跑向自己负责的紧逼区域的倾向。

练习五：快速进入全场紧逼角色的练习。

在半场五对五对抗练习中，队员必须按教练员的指挥，在某个时候、向某个地方传球。当球传出后，进攻队员要在原地不动，让防守队员学会如何根据进攻队员的行动迅速地做出判断并及时抢占传球路线。当防守队员已经完全理解了他们的职责与行动时，教练员才能允许进攻队员按自己的意图传球。本练习可以根据队员的技术水平在半速或全速下进行。

要求：教练员可以布置各种掷界外球战术配合，使防守队员掌握各种情况下的防守配合。

二、进攻全场紧逼人盯人战术

进攻全场紧逼人盯人在教学训练安排上先教前场进攻配合（落位阵

形），再教中场、后场进攻配合方法，最后过渡到整体进攻配合。

（一）进攻全场紧逼人盯人方法

根据全场紧逼人盯人防守的特点，进攻全场紧逼人盯人一般分后场、中场和前场3个阶段。在后场，进攻的关键是接应与发球，争取快发球。接应时要有落位阵形，落位阵形是由守转攻时的布阵，一般有两种形式：一是5名队员多集中在后半场，拉空前半场，在后场组织固定配合；二是5名队员分散在全场，迫使防守队员之间拉开距离，使其难于协同防守，进攻时利用防守的薄弱环节各个击破。在中场，可以运用运球突破、传切、策应、掩护等配合向前场推进。在前场，进攻方法同进攻半场紧逼人盯人。

（二）进攻全场紧逼人盯人要点

（1）当对方紧逼防守时要沉着冷静，抓住攻、守转换时机，迅速组织反击。

（2）持球队员不要盲目运球，不要随便停留在边角，要争取快跑、快传、中路突破防守。

（3）无球队员要积极地移动，快速进行掩护和摆脱，不要与持球队员挤在一起。

（4）进攻队员在场上的位置分布应保持一定的间隔和距离，拉大对方的防区，造成对方协防的困难。

（5）根据本队特点，争取从后场开始组织连续配合，开展进攻，创造突破机会，造成以多打少、以快制胜的局面。

（6）多采用快速传球、短距离传球进行攻击。

（三）进攻全场紧逼人盯人练习

目的：培养破解全场紧逼人盯人防守意识，提高进攻全场紧逼人盯人配合能力。

练习一：全队进攻落位练习。

进攻队员拉开落位，一名后卫与一名中锋在一侧落位，另一名中锋与一名后卫、一名前锋形成三角落位。5名进攻队员的位置形成良好的配合空间。

要求：5名进攻队员拉开空间落位，但还要注意互相呼应与配合。

练习二：进攻全场紧逼人盯人练习。

要让队员始终保持良好的进攻空间，因为这样可使对方防守范围扩大，为内线队员进攻创造更大的空间。某些球队往往采用多人围守球战术，如果能让他们离开球，就能打败他们。对付人盯人防守的方法就是让协防队员离开持球人。

要求：同上一练习。

练习三：结合全场的五对五对抗教学比赛。此练习在教练员指导下，有组织、有针对性地进行。及时对出现的问题进行分析和纠正，不断提高队员的战术意识和战术配合能力。

要求：重点组织对某种典型战术配合方法进行分析、讲解和练习，结合已学的各种进攻战术配合，有目的、有步骤地进行练习，突出重点，抓住疑难环节，主要是在"摆脱"对手上下功夫，不断培养队员积极主动、勇猛顽强的战术作风，使进攻人盯人战术取得一定成效。

第四节　区域联防与进攻区域联防战术

一、区域联防战术

区域联防要求临场的每个队员在防守中要负责一定的区域。在这个区域内，要严密防守进入该区域内的球和进攻队员，并与其余4个同伴运用移动补位、换防等配合，构成一种集体的联合防守阵容。防守时队员随着球的移动而移动，5个队员像被牵动着的网一样协同一致地行动。在不了解对方实力的情况下，采用区域联防战术配合，是一种比较稳妥的防守战术。

（一）区域联防战术的发展

现代区域联防多采用扩大的防守阵形，一些强队运用的区域联防已扩大了控制区域,并且更具紧逼性、针对性,形成了一项攻击性较强的综合性防守战术。例如,区域联防中的夹击战术已被广泛采用,除内线夹击外,还加强了对外线队员的夹击,即底角夹击和外围中场处的边角夹击。区域联防原有的几种固定形式的防守配合,已不能满足防守的需要,已经有所发展和变化。区域对位联防,就是在区域联防的基础上发展变化而来的。这种联防是采用联防的站位阵形,但在自己的防守区域内又按盯人的要求去进行防守。这种防守适合于对付各种特点的球队,往往会使进攻队分不清对方采用的是何种防守战术,进而难以组织有效的进攻。

(二)区域联防战术的注意事项

(1)由于区域联防战术的不断发展,对防守队员的脚步移动、抢断球、"盖帽"等个人的防守技术提出了更高的要求,为此,必须狠下功夫加强队员防守技术的基本功。

(2)临场队员要通过积极的移动、断球、打球以及队员之间的协同防守、补位、"关门"、夹击等配合,来达到破坏对方进攻投篮的目的。

(3)临场队员从本队失球开始,就要立即组织全场有计划地防守和退守。在前场失球后,靠近持球队员的防守队员应立即上前干扰、封堵其一传,防其快攻;其他队员在注意卡两边的同时,尽快退回后场争取稳定防守。

(4)队员退回后场后,要根据对方进攻的阵形,摆好本队相适应的防守阵形。防守中对无球区可远一些、放松一些,对有球区则应近一些和严密防守。应利用换防、补防等配合打破对方以多打少的战术。

(5)对方的球转移到底角时,防守队员要侧重防守底线,严禁对方沿底线突破。若对方已经突破,则要阻挡其向外分球,封堵传球角度,迫使其传高吊球,给同伴造成断球的机会。

(6)当遇到对方进行"背插"时,防守队员应先堵截,后护送,以切断其接球路线。

(7)对方居中策应时,防守队员要采用侧前或绕前防守,卡断其接球路线，迫使对方在外围转移球进攻。

（三）区域联防的防守阵形

（1）"2—3"联防。此联防阵形用来对付外围中投命中率不高，但篮下和两角攻击能力较强的球队较为有效。此联防阵形对于加强本队篮下的防守力量以及有效地控制篮板球也较为有利。

（2）"2—1—2"联防。此防守阵形用来对付内线攻击力强，但不善于两翼进攻，以及外围投篮命中率不高的球队较为有效。

（3）"3—2"联防。此防守阵形用来对付中远距离投篮较准，但篮下攻击力量较弱的球队较为有效。

（4）"1—3—1"联防。此防守阵形用来对付外围、中间及两翼投篮较准的球队较为有效，但本队防底线的力量弱，要严密注意对方溜底线。

二、进攻区域联防战术

（一）进攻区域联防战术的要求

（1）进攻区域联防有效的方法就是争取打快攻，使防守者形不成联防的阵势。

（2）当对方形成联防阵势时，应根据其防守队形，采取插空落位的进攻队形。

（3）进攻时应运用快速的传球，调动防守，创造进攻机会。

（4）进攻时，运用各种配合或穿插移动，打乱对方的队形，造成局部的以多打少，创造投篮机会。

（5）准确的中、远距离投篮是破联防的有效方法，应利用防区的薄弱地区和创造出来的投篮机会，大胆果断地进行中、远距离投篮。

（6）把争夺前场篮板球组织到进攻战术中，争取二次进攻机会，同时还应注意保持攻守平衡。

（二）进攻区域联防的防守阵型

进攻区域联防的防守阵型有4种："1—3—1" "2—1—2" "2—3" "1

—2—2"。

（三）进攻区域联防战术的方法

（1）"声东击西"进攻法：偏于一侧传球，把防守队的防守力量和注意力集中到有球一侧时，突然将球传给另一侧的队员投篮。

（2）大穿插移动进攻法：传球后，进行对角大穿插移动，打乱对方的防守阵势并形成局部的以多打少，或移动过程中利用掩护创造攻击机会。

（3）溜底线进攻法：溜底线的目的也是在底线打乱对方防守的阵势，使对方在护送、交换等防守配合中出现漏洞而在篮下攻击。或利用溜底线创造中、远投篮机会，或利用溜底线拉空篮下一带和底角一带为同伴创造攻击机会。

（4）投、抢进攻法：破联防最好的方法之一就是投篮要准确，中、远距离投篮准时，对方就不敢守联防。所以外线队员有篮，就要大胆投，而投篮后要组织冲抢篮板球。有的队外线虽然投篮不太准，由于内线抢篮板球有保证，所以也敢在外线大胆投篮。采用投、抢方法破对方的联防。

第五节 固定战术进攻配合与混合防守

一、固定战术进攻配合

固定战术进攻配合主要在掷界外球、跳球、罚球、最后几秒钟时运用。随着现代篮球运动比赛攻、守对抗争夺的升级，往往在比赛的最后几秒钟尚不能分辨胜负高低。因此，合理地组织固定战术进攻、设计战术，可以保证本方技术的发挥。篮球运动是集体项目，要运用集体的力量为个人技术的发挥创造机会。但是如果战术组织得不合理，不仅会限制队员技术的发挥，而且还将影响队员的技术和战术意识向更高水平发展。所以，加强各种固定战术配合训练，并有针对性地合理而熟练地运用战术，对掌握比赛的主动，扭转比赛的局势将会起到积极的作用。

（一）固定战术进攻配合原则

（1）战术结构要简单，配合的战术行动路线要短，参与直接攻击配合的人数要精干（一般为2~3人）。

（2）队员布署要有利于就近组织和转入防守。

（3）掩护、传切、策应相结合，避免单打独斗，以争取时间捕捉战机。

（4）组织最有攻击力的队员结束进攻，同时要注意第一攻击手失利后的机动变化，以及提高配合的机动性。

（5）注意把进攻固定战术配合与常规配合打法有机地结合，以使配合保持连续性和实效性。

（6）组织配合时要充分发挥全队的整体特点和队员个人的特长。

（二）固定战术进攻配合方法

（1）跳球时固定战术进攻配合。跳球配合用于比赛开局，他往往是打好开局先发制人的重要战术手段。特别当本队跳球队员占有优势时，熟练地运用固定战术配合发动进攻，对顺利地打好开局、争取比赛的主动，起到了积极作用。

（2）前场发边线球的固定战术进攻配合。前场边线球的固定战术配合，可分为进攻人盯人和进攻区域联防两种配合形式。以发球地点来分，又可分为掷边线球和掷端线球两种。

由于现代篮球比赛中防守能力的普遍提高，迫使进攻队在一次进攻回合中往往要组织几次进攻才能奏效，这无疑增加了发界外球的机会。因此有针对性地加强发前场界外球固定战术配合的训练，提高运用的能力和成功率，对争取每次进攻回合中的主动性，有着重要的战略意义。

（3）最后几秒钟的固定战术进攻配合。现代篮球比赛的胜负往往在最后几秒钟才能决定。当本队处于比分落后一两分的时候，有组织地抓住瞬间的进攻时机，组织有效的固定战术进攻配合更是至关重要。所以许多教练员十分重视30秒乃至3秒或1秒钟的固定打法的训练。

二、混合防守

现代篮球比赛中，世界强队往往都拥有自己的明星球员，这些明星球员在比赛中发挥着无与伦比的作用。如何有效地遏制对方明星球员进攻技术的发挥，是关系到防守能否成功的关键。为此，在很多重大比赛的关键场次中，经常出现一个队有一部分队员打人盯人防守，而另一部分队员打区域联防；或一部分队员打全场人盯人紧逼，而另一部分人却打全场区域联防，这就是混合型防守战术。它经常可以用来迷惑对手，使其措手不及，且由于辨不清防守的阵式而陷入盲目进攻状态。

（一）混合防守作用

（1）破坏对手固定的战术进攻配合。

（2）减少对方优秀控球手控球的时间。

（3）迫使对手仓促出手或投出质量不高的球，这样能降低对手投篮的命中率。

（4）创造更多的由守转攻的机会。

（二）混合防守方法

混合防守战术要做到重点突出、分工明确、任务具体，要最大限度地调动全队集体力量来保证重点任务的完成。同时，全队要团结一致，为一个统一的目标而共同努力，并发挥个人的防守优势来弥补本队防守的薄弱环节，争得比赛的主动权。由于混合防守的针对性强且富于变化，故能迫使对手改变习惯打法，使对手的进攻失去立足点而陷于被动。

第三章 篮球运动的体能训练研究

第一节 篮球专项力量训练

"在篮球专项体能训练当中,力量素质训练是基础,也是人最基本的身体素质,也就是说作为一名篮球运动员需要具有强大的爆发力,这种爆发力不仅要体现在强大的下肢力量,还要具备一定的上肢快速力量和腰背肌的爆发性力量。这样才能在激烈的比赛中及时地调动身体完成一系列高难度动作,才能在面对对手时做出及时的应对措施,这些都需要运动员全身各个部位的力量配合才能完美地展现出来。"[1]

一、篮球专项力量训练的训练原则

(一)大负荷原则

大负荷的状态是指肌肉力量最大程度发挥时,肌肉需要面对足够大的阻力,这种阻力应尽可能接近肌肉能承受范围内的最高值,甚至超过最高值。这一原则应用了身体生理机制的理论,人体肌肉中包含有不同兴奋程度的运动单元,在面对较小的阻力时,运动单位中只有较高兴奋程度的单位能被中枢调动,而阻力变大时,越来越多的运动单位参与收缩。直到阻力能够刺激中枢神经系统时,运动中枢能够将更多的运动单位调动起来共同收缩,此时肌肉能够表现出很大的张力。

(二)渐增负荷原则

渐增负荷原理指的是在力量训练时,肌肉受的阻力随着训练水平的提升

---

[1] 陈生萍.篮球专项体能训练方法的研究[J].体育世界(学术版),2019(11):102+101.

而增加，以此来推动肌肉极限力量的持续提升。若在训练时用8R量的负荷（R量表示最高可重复次数），8R的负荷在功率逐步增加的同时达到8次以上的重复量，甚至达到12次时，则应该增加负荷，直到负荷增加所带来的重复次数又达到8R量为止。

（三）专门性原则

专门性原则指的是运动员应当按照特殊技术特征来安排自己的特殊肌力训练，也就是说，比赛动作应用的相应肌肉群体应当要承担一定的负荷。训练人员要对比赛动作的阻力加以对抗，按照竞赛动作的要求来调整自己训练的速度和力度。在练习过程中，要保证神经肌肉工作的方式等同于比赛的动作，包括静态工作、让步和克制等。训练的重复次数应当尽可能适应于比赛动作的频率。训练的内部条件要符合比赛动作。篮球所要讨论的重要内容是疲劳时刻依然能够持续比赛的能力，还要对参赛人员的心理需求加以考虑。

二、篮球专项力量素质训练方法的应用

（一）篮球技术动作力量的训练方法

负荷、手段、组织、调节和时间间隔等都是力量训练方法的构成部分。训练方法有多样化的种类，按照篮球运动员力量训练的目标，可以分为以下四种训练方法

1. 最大力量训练方法

肌肉生理横截面的提升、肌肉和肌内协调能力的提升能够决定最大力量的提升范围。所以，可以应用内部协调训练法和结构训练法。在使用的力量达到最大的同时，可以应用能够将肌肉体积增加的结构训练方法。当然，要根据各种训练阶段及个人情况来制定计划，必须要重视肌肉协调训练。

2. 快速力量训练方法

快速力量的综合特征包括力量与速度双要素，通常应用于肌肉收缩速度和肌肉力量的提升训练中，以此来提高运动员的快速力量。其中，要想将快速力量提升起来，就必须要提升运动员的肌力能力，然而，快速力量的

提升需要依靠肌肉收缩速度提升的推动。多数的篮球动作都要依靠爆发力来完成。无论在何种情况下，起跳、起跑、投篮等动作都要依靠肌肉收缩速度和肌肉的用力，肌肉在动作中主要的表现在于反应力量、爆发力量、启动力量等。

将下肢力量在150毫秒的短时间内迅速发挥出来，即为起动力。起动力是以最大力量水平为基本要素的。发展起动力通常会应用的负荷强度为30%~50%，在此强度下进行3~6组，每休息1~3分钟进行一组，一组5~10次。

爆发力指的是用最大加速度在150毫秒内克服一定的阻力。通常提升爆发力的练习应用的负荷标准常采用70%~85%的负荷强度，练习3~6组，每组间隔3分钟进行，一组5~6次。身体在运动的过程中，通过肌肉训练来对运动的整体过程进行控制，也会产生一系列反应。肌肉训练刺激本体感受器，身体通过不断调整来达到分数线运动标准，这个过程可以让人体获得更快的反应速度，相应运动能力也能得到提升。所以，篮球运动员通常会通过弹跳反应力练习来提升爆发力。

3. 力量耐力训练方法

力量耐力是一种综合性素质，包括耐力和力量两方面。这种运动能力能够让人在动力或静力性工作中使肌肉保持持续性紧张而又保障工作效果。许多因素都能决定运动员的力量耐力水平，确保供给和消耗氧气的呼吸系统和血液循环系统的机能、工作肌对氧气的有效利用能力、无氧代谢的机能能力。力量耐力依照肌肉工作方式可分为静力性和动力性力量耐力。动力性力量耐力又可分为三种力量，包括快速力量、小力量和最大力量耐力，在不同目标下发展各种力量耐力可以选择不同的负荷特征。

4. 综合力量训练法

在力量训练的基本或维持阶段，在维持或发展不同类型力量水平的过程中应用综合训练方法可以保持过去的训练效果并节省时间，如金字塔训练法，会运用变化频繁的负荷和不同的强度类型。刚开始训练会从中小强度耐力向基础强度和快强度逐渐转换，最后提升至最大强度。所有力量素质的锻炼都是在训练过程中进行的。

（二）篮球运动核心力量的训练方法

核心力量训练的对象主要是身体核心区域，包括两个方面，即功能性和稳定性。

在核心力量训练中，对于篮球运动员来说最重要的是稳定性训练。运动员通过稳定性训练和功能性训练后，在比赛时更有可能将技术性动作有效完成。

通过稳定性训练，选择与篮球运动项目特点相符合的训练活动。以篮球运动员的根本需求为出发点有效地进行训练练习。目的是有效结合力量训练和功能性训练，使运动员的神经肌肉系统功能得以充分发挥，保证比赛过程中篮球技术动作能够顺利进行。

第二节 篮球速度与弹跳训练

一、篮球专项速度素质的训练

（一）篮球专项速度素质的训练要求

篮球专项速度的训练应当与比赛时的专项速度素质标准相适应，要合理安排专项速度的训练内容，通过选择有效的方法和手段，使运动员的动作、位移和反应速度得到全面提升。

以下是篮球专项速度素质训练的要求：

（1）对训练内容进行科学安排。动作速度、反应与位移速度的训练是篮球专项速度训练的内容。

提升反应速度的训练：可以通过音视频来作为信号刺激运动员对同一动作进行反复练习；运动员还可以按照信号有选择地进行动作练习，根据不同的信号，可以灵活做出相应的动作；运动员在移动目标的指导下可以迅速作出反应。

提升动作速度的训练：重复练习的动作应当选择类似篮球比赛动作且完成效率较高的动作；运动员在视听信号的刺激下将动作速度不断加快，使动作更熟练；尽可能在练习时提高动作的速度，以突破比赛的时空界限。

提升位移速度的练习：对每个动作进行重复训练，设置强度为85%~100%，时间控制在10分钟以内，重复的强度不应影响到动作的力度，要重视腰腹和腿部的力量训练，以提升运动员的移动速度。

（2）连接篮球专项技术动作和快速跑步动作。保证运动员能在技术应用的同时维持跑动速度，速度练习里的专项技术设置不应当难度过大，要重点提升速度。

（3）有针对性。反应速度的提升练习要紧密结合时空判断能力和观察力的训练。动作速度的提升练习要着重提升肌肉内部与肌群间的协调性、肌肉的可伸展性与可塑性；移动速度的提升练习要注重提升运动员ATP再合成的能力和非乳酸无氧供能能力。

（4）按照训练任务，对速度训练的顺序进行合理安排。专项速度训练在整个训练周期应当尽量靠前；速度素质在各专项素质训练的安排中，应当先于耐力素质和力量素质进行训练，以此来保证运动员在速度练习的过程中保持较好的精神状态和体能。

（二）篮球专项速度素质训练方法的应用

篮球专项速度素质训练的主要手段分为各种专门性练习、各种起动跑练习、篮球移动技术中各种跑的练习、结合球的速度练习。

（1）各种专门性练习：小步跑、后踢腿跑、高抬腿跑、左右侧交叉步跑、跨跳步跑结合、加速度跑、跑台阶、上下坡跑和牵引跑等。目的是提高运动员的位移速度。

（2）各种起动跑练习。

1）原地或移动中，根据视、听信号突然起动或加速跑（10~30米）。

2）各种姿势的起跑（10~30米），采用蹲踞式、站立式、侧身站立、背向站立等。

3）起跳落地后立即起动侧身加速跑，以提高运动员的起动反应速度。用各种姿势起跑，各种短距离的往返跑、追逐跑。

（3）篮球移动技术中各种跑的练习：在篮球场上做绕障碍跑、变向跑、侧身跑、后退跑、弧线跑和折线跑等练习，各种防守步法练习。

（4）结合球的速度练习。

1）队员做跑动中的自抛、自接或向前自掷地滚球的接球、抢球。

2）全场直线运球跑，变速运球跑，并结合行进间投篮练习。

3）全速跑接长距离传球上篮。

4）原地对墙快速传球，两人行进间快速传接球上篮。

5）中线或三分线外快速行进间跨跳步投篮。

6）各种距离的快速移动接球投篮（跳投）练习。

7）全场快攻以多打少（二攻一、三攻二、四攻三），并结合攻守转换的练习。

二、篮球专项弹跳素质的训练

（一）篮球专项弹跳素质的训练要求

篮球专项弹跳素质的训练应符合篮球专项对弹跳素质的专门要求，科学合理地安排好教学训练的内容，选择有效的手段和方法，以达到发展专项弹跳素质的目的。

篮球专项弹跳素质的训练安排应遵循以下四点要求：

（1）篮球专项弹跳素质训练的安排应以大强度、次数少、多组数的练习为主，每次之间的间歇时间要适当。

（2）篮球专项弹跳素质训练中应着重安排发展下肢小肌群的力量素质练习，并注意提高运动员肌肉的伸展性和弹性，以改善肌肉协调用力的次序。

（3）篮球专项弹跳素质训练中应尽量安排接近比赛实际情况的跳跃练

习，以提高各种起跳技术；应多安排在对抗条件下的弹跳素质练习，以提高运动员在起跳前或在空中身体的对抗能力和适应条件变化的空中应变能力。

（4）篮球专项弹跳素质训练的安排中应注重运动员的起跳动作与起跳前的运球、接球等动作，以及起跳后的投篮、抢篮板球、封盖和接传球等动作衔接的训练。

（二）篮球专项弹跳素质训练方法的应用

（1）跳台阶、跳凳、跳栏架、立定跳远、多级跳、连续深蹲跳、收腹跳和跳深等练习。

（2）跳绳练习。单、双摇跳，单、双脚双摇跳，规定时间和次数的跳绳等。

（3）原地连续单脚或双脚起跳摸篮板或篮圈；行进间单脚起跳摸篮圈；移动中按信号突然用单、双脚向侧、前、后跳起做抢断球模仿动作等练习。

（4）一人一球，篮下原地连续起跳托球碰板；多人一组一球，依次在篮下一侧或两侧用单手和双手托球碰板若干次。

（5）跳起在空中抢篮板球转身传球练习。

第三节　篮球耐力与柔韧训练

一、篮球专项耐力素质的训练

（一）篮球专项耐力素质的训练要求

篮球专项耐力素质的训练应符合篮球专项总体代谢的特点，科学合理地安排教学训练的内容，选择有效的手段和方法，在提高有氧耐力的基础上着重提高运动员的无氧耐力素质。

篮球专项耐力素质的训练安排应遵循以下五点要求：

（1）篮球专项耐力素质以无氧耐力素质为主，应有针对性地安排训练的内容，要根据不同耐力素质的特点，合理地安排练习的负荷强度，练习的重复次数与组数，练习的持续时间及组间的间歇时间。一般安排如下：

1）发展非乳酸无氧耐力的训练，多采用高强度小间歇的练习方法，负荷度达到极限负荷的95%，练习的组数多（5~6组），重复次数少（3~4次），距离短（15~50米），并控制间歇时间，以提高ATP及CP的快速分解合成能力。

2）发展乳酸无氧耐力的训练，多采用负荷强度大（极限负荷的80%~90%），练习的重复次数少（3~4次），组数较多（3~5组）的练习方法，负荷时间控制在1~2分钟，间歇时间采用逐渐缩短的方法。如第一、二次之间间歇6~5分钟，第二、三次之间间歇5~4分钟，第三、四次之间间歇4~3分钟，这样有利于使体内乳酸堆积达到较高值。

（2）篮球专项耐力素质训练的安排中应重视有氧耐力水平的提高。要首先发展运动员的有氧耐力素质，使运动员的有氧耐力素质达到一定的能力水平后，再重点发展无氧耐力。有氧能力训练的安排多采用持续匀速负荷和变速负荷的练习方法。

（3）篮球运动员的专项耐力素质训练应根据训练任务的不同，安排训练计划的内容。在训练准备前期，应以发展有氧耐力素质为主；在训练提高期和赛前阶段应以发展无氧耐力素质为主。在周训练计划中，每周一般只安排2~3次强度大或者持续时间较长的大运动量耐力训练。

（4）篮球专项耐力素质训练的安排应与专项技术、战术训练有机结合。应安排长时间专项对抗练习或加大防守和进攻技术训练强度，以提高运动员在疲劳状况下运用技术、战术的能力。

（5）篮球专项耐力训练的安排要充分考虑负荷的指标要求，运动员的营养状况、睡眠休息情况、身体的恢复是否适应新的刺激等因素，避免可能因疲劳而影响其他素质和技术、战术的训练。

（二）篮球专项耐力素质训练方法的应用

（1）不同距离的中长跑、越野跑、爬山等。

（2）连续进行400米跑；各种中长距离的变速跑。

（3）长时间的防守脚步练习；快攻练习；利用球场上各种距离做连续的往返折回跑。

（4）连续进行长时间的各种攻守技术练习。

（5）短距离如30米、60米、100米反复冲刺跑，随着训练水平的提高，每次跑的间歇时间可逐步缩短。

（6）全场反复快速运球上篮；两三人全场反复快攻练习；一对一、二对二、三对三全场攻守或攻守转换练习等。

（7）综合练习。各种跑、跳、防守脚步动作的综合练习，投、突、传、运等动作组成的全场综合练习。

二、篮球专项柔韧素质训练

（一）篮球专项柔韧素质的训练要求

篮球柔韧素质训练应根据篮球专项对柔韧素质的要求，科学合理地安排好教学训练的内容，选择有效的手段和方法，处理好练习的强度，重复的次数、组数，间歇时间和动作要求。一般安排如下。

（1）练习的强度。柔韧素质训练的强度主要反映在用力的大小和负重的多少两个方面，无论是主动性或被动性练习，其用力均需逐渐加大。加大的程度，以运动员的自我感觉为依据，当感到胀痛难以忍受时应停止。采用负重进行柔韧素质训练，一般控制在3~5千克之内，动力性拉伸负重可轻些，静力拉伸负重可重些。练习强度的提高应逐渐实施，不可过快、过猛，防止损伤。

（2）练习重复的次数、组数。由于篮球专项柔韧素质训练的早期专门化特点，其柔韧素质训练又划分为发展柔韧素质和保持柔韧素质两个阶段。因而不同阶段的练习重复次数、组数应有所区别。一般动力性拉伸练习每组可做10~12次，6~12秒之间；静力性拉伸练习，则可固定在30秒钟或30秒钟以上，应视运动员的训练程度、性别和水平层次而定。组数的安排亦如此。

（3）间歇时间。可根据运动员的感觉确定，并与练习的关节部位有关。当运动员在一组练习后感到基本恢复可进行下一组时就开始；大关节练习后的间歇，要比小关节练习后的间歇时间长些。在间歇时间里，可做一些放松和按摩活动。

（4）动作要求。进行柔韧练习时，运动幅度要逐渐增大并到位，以尽量拉长肌肉和韧带；动作可采用缓慢的速度也可采用急骤式的速度进行，并相互交替。

（二）篮球专项柔韧素质训练方法的应用

（1）两手指交叉相握，手心向外做压指、压腕等动作，充分向前、向上伸展或有节奏地向下振压。

（2）两臂做不对称的大绕环、转肩等动作。在背后一手从上往下伸，一手从下向上伸，使两手在背后做拉伸练习。

（3）利用器材或同伴帮助做压肩、拉肩、转肩等动作；利用肋木做各种压腿、拉长肌肉、韧带和扩大各关节活动范围的练习。

（4）站立体前屈下压或靠墙站立体前屈下压，用手指摸地或握踝，前弓步和侧弓步压腿；纵劈腿和横劈腿；勾脚尖前踢腿和侧踢腿。

（5）在地板上做"跨栏步"拉，压腿胯练习；各种负重和不负重的背伸、展腹屈体练习及腿肌伸展练习（如仰卧起坐前压腿）。

（6）悬垂练习。利用身体的重力做单杠、双杠、肋木上正反肩关节的悬垂练习。直角悬垂压腿练习。

在篮球专项柔韧素质实施过程中，可根据训练课的任务并结合队员的具体情况，综合考虑进行安排，内容与练习时间的长短相对灵活。

第四节 篮球的灵活性训练

"世界篮球运动向着积极、快速、灵活、全面、准确的方向发展,对灵活性的要求有其特殊性,这是篮球运动特点决定的"。[1]作为对抗性的集体运动,篮球具有复杂多变的特征,因此在对运动员进行训练时要注重提升其专项技术水平,除此之外灵活性也是篮球运动员的重要素质之一,对运动员进行科学化的专业训练不能忽视灵活性,灵活性在赛场上能帮助运动员完成快速位移和动作变化,也有助于提升运动员随机应变的能力。灵活性能够体现运动员的综合素质,对篮球运动来说非常重要。篮球运动员的灵活性比简单地保持直线速度更为重要,因此,篮球运动要求运动员应具备非常高的灵活性。

一、灵活性的理论基础与影响因素

灵活性是一种能力,包括行动和制动,行动即为加速、变向,制动即为急停,对篮球运动员来说,减速、急停以及停止后的再加速,这其间的转换过程是灵活性的体现,尤其是减速到加速的转换和加减速时的力量爆发和控制力,而这些都建立在速度和耐力的基础上,运动员的速度和耐力决定了其能够达到的灵活度和维持灵活度的程度。

灵活性贯穿于篮球运动的始终,许多运动员所需的能力都体现了灵活性特征,如反应要快、转换能力要强、能够快速做出判断、思维要敏捷迅速等,除要具备这些个人能力之外,还要求运动员具有唤醒能力和与其他运动员做技战术配合的能力。这些灵活性的能力需要运动员具备一定的先天条件,同时要进行后天挖掘。

---

[1] 许永刚. 对篮球运动员灵活性与灵敏性研究的综述 [J]. 广州体育学院学报,1994(01):32-39+45.

（一）灵活性的生理学、心理学基础

灵活性与大脑皮质神经紧密相关，大脑皮质神经会产生兴奋作用和抑制作用，这些作用的产生和转换过程决定了灵活性的高低。如转换容易且迅速，就意味着机体灵活性较强；如转换困难或缓慢，说明机体的灵活性较差。灵活性是系统机能和器官共同产生效果的素质，篮球运动员对于灵活性的要求较高，水平较高的篮球运动员大脑皮质神经的活跃度很高，能够很好地控制肌纤维，使其协调统一地运行，迅速完成对肌肉收缩和发力的控制，因此高水平篮球运动员能够精准地控制动作。灵活性与生理、心理学均有密切关联，具体有以下三个方面：

（1）判断和反应能力。对运动员进行灵活性训练，需要运动员能够熟练掌握技术动作，并在赛场进行合理运用，使用什么技术动作需要运动员对赛场情况进行及时、准确的判断，判断是为了选择合适的技术动作，因此这两项能力是连贯的，需要迅速地进行判断和反应。大脑皮质神经的分析能力结合肌肉的运用和调控，是训练判断和反应能力的要义。

（2）对空间和时间的精准感知以及运动知觉。训练灵活性并不是仅仅针对运动员本身，而是需要运动员做到对客观环境的了解以及在各种不同的情况下做出相应的判断，运动员还要注意时间，及时进行判断和发力，协同客观环境及时间对自身进行调动，以达到最佳的配和效果。

（3）节奏知觉。运动员的技术动作不能单独存在，要适应环境，根据情况进行选择，从动作的开始到结束都要与环境和时间相契合，使之协调。因此在进行技术动作时，运动员要注意节奏知觉，运动要结合时间、空间和自身进行考量，这一点需要运动员具有一定的协调和平衡能力，此外通过不断训练累积的经验运动员能够有本体感觉，也有助于在比赛中把握节奏。由此可见，灵活性是多种能力的结合，运动员需要在多个方面进行训练，以提升自己的能力，达到高度的灵活性。

根据篮球运动员表现出的灵活性与专项的关系，篮球运动员的灵活性可分为一般灵活性和专项灵活性。根据运动（水平运动、垂直运动、二点运动、四点运动）的次数和运动方式的组合不同，灵活性又可以分为闭合性（或预知性）灵活性和开放性（随机性）灵活性。在预先设计好的运动中表现出来的灵活性称为闭合性灵活性，如T形跑、六边形跳等；在随机运动中表现出来的灵活性称为开放式灵活性。

（二）灵活性的影响因素

灵活性既有感官因素，也有训练因素，对灵活性起主要影响作用的因素有以下三点：

（1）视觉因素。视觉对于判断而言至关重要，因此运动员在训练和比赛中，都很重视视觉方面的作用，比赛中要求篮球运动员关注队友和对手的位置和动向，同时要求运动员保持视觉的稳定，双目时刻直视前方，不能斜视，在运动和转向的过程中，要转头保持目光向前。如果要转向，则要先确定好方向再转头，而后再转身。先转头确定方向再转肩、髋，能够有效避免出界等情况的发生。

（2）手臂因素。篮球运动中的手臂动作非常重要，在灵活性方面也是如此，手臂不仅能够做动作，也是重要的助力方式，加速时手臂动作能够帮助运动员提高步伐的频率和幅度，正确的动作和有力的摆臂都能有效提升速度和效率。

（3）拉长收缩练习。灵活性训练有很大一部分在于转换的过程，即停止状态到高速运动、加速到减速、减速到停止等，这其中最重要的不是加速而是减速，加速相对而言目标单一，而减速之后面临的可能是转向，因此对于灵活性训练而言，减速和转向是最佳的训练内容。不同状态下的减速、转向、急停、加速等是灵活性的主要训练内容，这些训练内容对于运动员而言是进阶训练，要建立在牢固的基础上，先夯实自身的力量、速度和爆发力等基础，训练好减速和制动能力之后再进行，要逐步加强训练，这样既能提升训练效果、巩固训练成果，又能最大程度地避免运动损伤。

二、灵活性的训练方法

（一）一般灵活性训练方法

一般灵活性训练方法有两种，都与速度训练分不开：

（1）基本技术。基本技术的训练一般使用中等速度强化运动员对动作技巧的掌握，如锻炼肌肉爆发力的重心着地，这项训练的要点为：一是脚要位于身体重心向下；二是减小制动力；三是缩短着地时间；四是后蹬力要足。运动员能够准确掌握技术后可以进行速度的提升，使其能够在最大速度的前提下完成技术动作。

（2）体能、耐力、速度、爆发力和转向。体能是运动的基础，是完成技术动作的首要保障；耐力和速度是长期的训练，高强度间歇训练法或比赛都是理想的训练内容；爆发力和转向需要动力链才能达到好的训练效果，可以采用专项训练的方式进行。

（二）篮球专项灵活性训练方法

此类练习主要在篮球场进行，主要内容包括起动、加速、减速、急停、转身、滑步、变向等练习的结合。如变向训练包括软梯训练、障碍左右前后跳、跳绳单双飞、M型绕障碍折返跑、半场急停—加速—折返跑、边角加速—滑步—后退—转身跑、半场四角绕障碍变向跑、全场多级折返跑、半场三角滑步—后退—转身跑、全场多级变向跑等。

（1）软梯训练。借助软梯进行的侧向快速跨跳训练，方法是运动员在软梯一侧，先将一只脚跨入格内，迅速换脚进入，方格内的脚跨出，如此从软梯一端直到另一端。软梯训练的要点是速度快、停留时间短。

（2）障碍前后左右跳。运动员要从起始点快速起跳、快速落地、再次起跳至原点，朝四个方向多次练习，要点同样是触地时间要短。

（3）跳绳单双飞。跳绳时运动员可采用单脚和双脚交替进行的方式，动作要点是要注意膝盖伸直。

（4）M型障碍折返跑。M型障碍共有ABCDE五个障碍标志，运动员从始发点A加速跑，经过B、C两点后，快速后退至D点，加速至E点后，反方向再次进行练习。

（5）半场急停—加速—折返跑。在边线间进行，中途要在S点急停，从始发线到达另一边线后第二次急停，转身跑回起始点。

（6）边角加速—滑步—后退—转身跑。罚球线角为起始点，加速跑至端线急停，滑步至边线再次急停，向罚球线后退跑，到达后转身沿弧线回。

（7）半场四角绕障碍变向跑。篮球场地中，半场的四边形区域可进行绕障碍变向跑训练，由任意一点向临近点跑，到达后急停转向同方向下一点，直至回到起点，在正四边形区域进行练习，因此转身角度为九十度，非常适合加速和转向训练。

（8）全场多级折返跑。从罚球线向另一端罚球线跑，中途在中场线急停，而后退回罚球线。这一训练也可以半场与全场相结合，从罚球线跑至中场线后退回罚球线（采用后退方式）而后加速跑至对面罚球线，再退回起点，再次加速向对面底线跑，再次退回起点（采用后退方式）

（9）半场三角滑步—后退—转身跑。起始点为底线角，出发采用滑步至另一端急停，而后转身采用后退方式跑至中线圈，再次急停后加速返回起点。

（10）全场多级变向跑。起始点为端线三角标记处，运动员从此处向罚球线三角标记处做变向跑，继续采用变向跑至中线三角标，反复五次后加速向对面端线三角标跑，而后全速返回。

（三）篮球专项灵活性训练方案的设计

篮球体能训练中，速度训练通常与灵活性训练结合起来进行。在安排速度训练计划时要结合篮球专项、结合安排灵活性训练。以下是篮球队在20周的基本期，把速度、灵活性及有氧训练结合起来安排计划的要点，供大家参考。需注意的是，每一阶段训练的时间长度可以根据年度周期安排进行调整。

（1）基本期的前期（8周）：训练课的主要目标是通过3~4组，每组10分钟的练习来提高最大有氧能力和对乳酸、丙酮酸的利用能力，这种练习可以每周练2次，两次练习之间间隔两天（48小时）以上。

（2）基本期的后期（8周）：每周2~3次速度、灵活性训练课，以亚极量强度进行，强调运动技术。代谢能力的训练为每周练2次，两次练习之间间隔两天（48小时）以上。主要目标是通过2~3分钟全力运动，间歇8~10分钟的练习提高耐乳酸能力。最大有氧能力训练每周练习2次，方法与赛前转换期相同。

（3）赛前转换期（4周）：每周2~3次速度、灵敏训练课。主要训练目标是通过助力措施和阻力措施，在全速情况下完成练习技术。最大有氧能力训练每周2次，专项耐力训练每周3~4次，主要训练目标是挑战专项无氧能力和专项有氧能力的极限。在这种训练中，运动员要全力完成练习，保持练习强度。练习强度只要能保持，训练课就要继续，直到运动员不能维持要求的强度，训练课才结束。

（4）比赛期：除了专项实战训练外，每周各进行一次无氧训练和有氧训练，以保持有氧能力和无氧能力。

第五节 篮球运动的训练损伤与保健

一、篮球运动中的损伤与处理

运动损伤就是由于运动而造成的人体伤害，是指在体育运动中发生的造成人体组织或器官在解剖上的破坏或生理上的紊乱损伤。篮球运动中，由于特定的专项运动训练会导致不同部位的损伤。

（一）手指挫伤和皮肤擦伤的处理

1. 手指挫伤的处理

手指受到钝性暴力作用而引起的闭合性损伤。

（1）原因。指间关节为颌式关节，不能做侧向及旋转运动。当手指遇外力向侧方偏曲或过伸时，常引起韧带撕裂、关节囊损伤，严重者可产生关节脱位。篮球运动中导致手指挫伤的原因如下：

1）争抢球时双方手部动作过大。

2）对抗时手指用力触及对方队员身体坚硬处。

3）手指和球接触的部位不正确。用指尖直接接触球体（包括接、抢、断球）极易造成手指挫伤，初学者更易发生这种情况。

（2）症状。

手指挫伤因暴力的大小和方向不同，其损伤的程度和症状也不相同，一般表现为：

1）疼痛和压痛。韧带撕裂或断裂产生疼痛或压痛。

2）肿胀和瘀斑。韧带撕裂或断裂导致毛细血管破裂产生血肿或瘀斑。

3）功能障碍。韧带断裂或撕脱骨折产生功能障碍。

（3）处理。

1）局部冰敷后加压包扎，固定并抬高伤指。

2）48小时后开始屈伸活动。

3）功能障碍明显者，及时送医。

2. 皮肤擦伤的处理

机体表面与粗糙的物体摩擦而引起的皮肤表层损伤。

（1）原因。

1）地面粗糙或有沙土，多发生在室外篮球场。

2）各种原因的摔跤导致皮肤与地面直接摩擦。

3）对抗过程中指甲及不当饰物的损害。

（2）症状。

1）皮肤表面剥脱。

2）有小出血点和组织液渗出。

3）若伤口感染则局部发生化脓、有分泌物。

（3）处理。

1）清创。用生理盐水清洗伤口。

2）消毒。用2.5%碘酒和75%酒精消毒伤口周围。

3）外敷、包扎。外敷消毒纱布并包扎，必要时口服抗菌药以防感染。

（二）膝部常见损伤与处理

膝关节是人身上形态较大而且结构比较复杂的关节，它既有坚强而稳定的支撑功能，也有活动性较大的屈伸功能。膝关节的活动功能不单是由于它的骨结构特殊，而主要是靠关节周围的软组织（如韧带、肌腱、半月板、脂肪垫和其他辅助结构）的作用来实现的。所以，篮球运动员膝部损伤主要表现为膝关节韧带损伤、髌骨劳损、髌腱末端病、半月板损伤，以及股四头肌挫伤等。

1. 膝关节韧带损伤

（1）病理机制。膝关节内、外侧副韧带损伤是膝关节韧带中最常发生的损伤。内侧副韧带的损伤机理与膝外翻有关，即运球后转身时，因中枢脚及小腿固定，大腿随躯干突然内收内旋，在膝关节处形成了一个扭转力，或来自膝外侧的一个向内侧的冲撞力所致。外侧副韧带损伤发病率远比内侧副韧带损伤低，其受伤机理与膝内翻有关。正常人的膝关节有10°左右的外翻角，当直接暴力膝关节外侧或由于膝关节的过度扭转时，就容易发生小腿过度外展使膝外翻。这样就加大了内侧副韧带起止点之间的距离，对内侧副韧带产生了暴力牵拉，使其纤维的一部分或全部断裂而发病，有时还可以发生其起止点处的撕裂骨折。膝外侧韧带损伤大多数都是由于急剧的小腿内收、内旋或大腿外展、外旋动作（如落地或跌倒时足外侧着地），使踝和膝都发生内翻，引起膝外侧两骨间的距离突然加大，牵拉外侧副韧带，从而引起断裂，发病。

（2）预防膝关节韧带损伤。分析副韧带损伤的发病率可以发现内侧更容易发病，不仅如此，在内侧副韧带受伤严重的情况下，很容易导致内侧半月板出现撕裂伤，所以在预防的过程中除了使用正常的预防措施之外，也需要关注以下三个方面：

第一，使用正确的落地姿势。想要姿势正确，需要掌握落地技巧，在落地技巧正确的情况下，预防膝关节的损伤会变得更加容易。正确的姿势应该是前面的脚掌先接触地面，然后膝关节跟着弯曲，身体向前倾，这个过程应该避免膝关节出现前后动作或左右动作，尤其是不能让膝关节向内侧弯曲。

第二，掌握正确的转身技术动作。正确的动作应该是脚的根部和地面保持微小距离，然后让前面的脚掌受力，这个过程中不能出现拖脚的动作，这样的做法可以让膝关节受到的扭转力有效地化解，避免出现膝关节外翻，避免受伤。

第三，注重膝关节内侧以及外侧的副韧带的柔韧性练习。内侧副韧带的损伤想要预防可以使用。带拉伸的方式，也可以使用外翻静力拉伸的方式。举例来说，可以进行侧压腿练习，也可以进行横叉练习，还可以进行脚尖向外的拉伸练习、坐姿分腿牵拉练习。想要预防外侧副韧带损伤，可以在站立的情况下进行膝关节的内侧向上静力拉伸，也可以在坐立的时候进行盘腿练习。

（3）膝关节韧带损伤的康复治疗。

第一，受伤的时候应该马上进行冰敷，与此同时还要加压包扎，这种应急处理可以减少机体内部出血，避免引发其他的并发症，让治疗的时间大大缩短。

第二，受伤之后应该局部按压受伤部位，5分钟到10分钟之后使用推拿的方式不断地推按，这样有助于让断裂的韧带变成理顺的状态，这时可以在外面敷用一些伤药然后包扎起来。

第三，马上注射普鲁卡因和麻黄素，它们的作用是止疼止血。

第四，受伤之后的一天到两天之内不可以使用热疗方法，在超过两天之后可以适当地选择适合的热疗方法，如果是慢性损伤，则应该加大热疗力度。

第五，一个星期之后可以进行股四头肌的康复训练，如果训练不会使病情加重，那么应该尽快地进行股四头肌的训练，让膝关节有更强的抗阻能力，避免局部损伤引起的粘连，从而损害其他关节的正常活动。

第六，在治疗运动损伤和进行功能康复训练的过程中，应尽可能地选择粘膏，粘贴成支持带，也可以使用弹力绷带，这样的包扎可以在一定程度上抑制运动，避免重复损伤的出现，更有利于运动损伤的修复。

第七，如果副韧带处于完全的断裂状态，那么应该尽早进行手术。

2. 半月板损伤

（1）半月板损伤出现的病理机制。在膝关节的两个关节之间存在一处软骨组织，它就是我们所说的半月板，半月板形状和月牙是非常类似的，从中间分开，分成了两个部分，也因此才被叫做半月板。它的作用是缓解关节受到的压力，在一定程度上吸收力量带来的震荡，让关节处于稳定状态，避免损伤。通常情况下，半月板出现损伤的部位是前角、后角、中部、边缘部，可能出现的损伤情况有横裂、纵裂、水平裂、不规则形破裂，严重的时候可能直接破碎变成关节内部的游离体。一般情况下，半月板损伤会同时引发外伤，如果是急性的半月板损伤，那么会感觉到明显的疼痛感，膝盖也会肿胀，膝关节的弯曲伸展会遇到障碍。当半月板损伤度过急性期之后，肿胀感消失，但是仍然会有痛感，特别是在上楼、蹲下、站起、跑跳、上下坡等等过程中，疼痛感更加明显，有的人可能还会面临严重的屈伸功能障碍。

半月板损伤出现的原因主要有两个：首先，是外伤造成的，如急性损伤，或者膝关节受到了巨大力量的突然袭击。如果膝关节有一定的旋转或翻转动作，那么半月板就会出现较大的幅度变化，半月板和胫骨之间就容易因为摩擦而导致半月板受损。举例来说，运动员转身跳起去投篮，在这个过程中如果出现了脚部动作的不协调，或和其他的队员产生了冲撞，那么膝关节半月板就非常容易出现撕裂的状况，突发动作形成的力量是非常大的，完全超过了半月板可以接受的力量范围，这时半月板就会受到损伤。

其次，退行性改变引起的半月板损伤。这种情况下的半月板损伤是慢性的，不会被快速且明显地感受到，一般情况下，如果经常需要蹲着工作或者膝关节经常处于弯曲状态、旋转状态，经常需要做一些伸直动作，那么在多次的磨损和挤压之下就容易产生裂伤。

（2）半月板损伤的预防。因为半月板对膝关节来讲至关重要，所以，它的预防是至关重要的，如果半月板出现了损伤，那么需要较长的时间去康复，所以，一般情况下都会强调半月板受伤的预防。一般情况下，可以使用的预防措施有以下几个：

第一，开展运动之前需要做好运动准备工作，比如说进行伸展练习、跑步练习，逐步地提高动作的难度，以此来让关节慢慢地适应活动的力度需要，避免肌肉韧带之间的黏滞性，让肌肉以更有弹性的状态参与运动过程，这样可以有效避免运动损伤。

第二，注重下肢肌力辅助训练以及膝关节处的韧带辅助训练。特别是要关注股四头肌处的耐力、髌韧带处的牵张拉力、膝关节稳定力等三个方面的训练。

第三，确保赛后得到有效的身体恢复。运动员在比赛当中需要让身心保持良好的状态，所以，在比赛完成之后运动员身体处于疲劳状态时应该进行相关的身体机能恢复，避免运动员长期处于疲劳状态，这样才能为下一次的比赛提前蓄力。

第四，训练计划应该科学合理。训练强度不宜过大，也不宜过小，而且训练最好要符合人体的力学结构特点，避免运动过程当中运动员的运动器官受到过度的劳损或者局部的损伤。

第五，加强医务人员对运动员的身体监督，并且让运动员提高身体的自我保护意识。医务人员应该了解运动员当前的身体状况以及运动员过往的运动损伤，科学地为运动员的运动提供指导，一旦出现生病，医务人员也应该尽早为运动员进行治疗。除此之外，运动员本人也要注重自我保护意识的提升。

（3）半月板损伤可以使用的修复方法。之前会使用切除的方式去治疗半月板损伤，但是分析治疗之后的患者发展情况可以发现，这样很容易引起骨性关节炎，不仅如此，在半月板切除之后，载荷正常的传递也受到了不良影响。所以，半月板损伤的修复应该尽可能地把半月板保留下来，并且尽早地进行损伤处理。在半月板损伤治疗过程中经常会使用关节镜，它可以修复损伤撕裂的地方，将撕裂缝合起来。一般情况下，严重撕裂的部分可以部分切除，没有损伤的部分可以保留下来。如果踝部出现了半月板损伤，那么要尽快进行关节镜检查，越早处理越容易避免损伤性关节炎的出现。

3. 髌骨劳损

（1）髌骨劳损的病理机制。髌骨劳损经常被叫作髌骨软化症或软骨症。从事篮球运动之后可能引发这种慢性的损伤，篮球运动过程中运动员需要经常摩擦髌骨软骨、挤压髌骨软骨，如果运动员经常处于蹲位的话，那么非常容易出现这样的损伤，这是因为蹲下的时候之前支撑膝关节的韧带或肌肉会变得松弛，这使得膝关节处于不稳定状态。所以，膝关节为了维持稳定就会利用股四头肌中的髌骨，在这样的情况下，髌骨软骨就会受到更大的摩擦、更大的挤压，也就更容易出现损伤的情况。损伤出现时，两个膝盖都会有症状，在初期主要是感觉膝盖内部发生不舒服，发展到中后期时就会出现疼痛的症状，而且疼痛是持续的、疼痛程度不断加深，膝关节会出现各种各样的肿胀，致使膝关节内部已经出现了积液。髌骨软骨股骨软骨都会出现疼痛的症状。如果在半蹲疼试验过程中检测是阳性，那么股四头肌收缩也会导致髌骨疼痛。

（2）预防髌骨劳损可以使用的方法。引发髌骨劳损有两个因素：一个是内在因素，如关节软骨发生了退变，在年龄增大的情况下容易出现这种情况；另一个是外部因素，如机械性运动对软骨造成的慢性伤害，要想预防这种伤害，就要降低髌骨关节受到的压力，给予软骨更多的营养补充。

（3）髌骨劳损的康复治疗。

第一，让关节得到充分的活动。活动关节的时候不能负重，一般情况下，运动员可以平卧在床上去进行关节的屈伸练习，练习应该坚持不懈，可以早晚有规律地进行练习，练习一次应该维持10分钟左右。关节的充分活动可以让髌骨关节当中其他的部分感受到刺激，可以加速滑液营养成分在关节当中的渗透，可以让软骨组织吸收更多的营养成分。

第二，要避免髌骨骨关节受到持续的压力。曲膝的过程当中，髌骨会受到较大的压力，最容易引发关节损伤，所以，应该避免长时间的蹲位，对应的训练那就是应该尽量避免长时间的"单打一"训练模式的使用。举例来说，在一段时期的训练课程当中应该避免训练内容过多地集中在下半肢或者蹲位练习方面，这样的练习会导致膝关节局部受到损伤或者导致膝关节出现劳损损伤。

第三，石膏固定的情况下或者使用下肢牵引治疗的情况下，应该主动对股四头肌进行训练。在股四头肌收缩或者舒展的过程中，髌骨也会跟随移动，这可以在一定程度上避免髌骨受到较大的压力，也可以让软骨吸收更多的营养。

第四，如果膝关节出现了不确定位置的关节疼痛，那么应该意识到可能出现了早期的髌骨劳损，这时应该及时就医避免关节病痛向更严重的方向发展。

4. 股四头肌挫伤

（1）股四头肌挫伤的病理机制。在外力的作用下，如果股四头肌的某一部分受到了冲撞，那么就会导致这一部分的肿胀，也会出现疼痛的情况，严重的话还可能出现血肿，在这样的情况下，膝关节没有办法弯曲。运动过程中经常会遇见股四头肌挫伤的情况，这种情况比其他的肌肉受损更严重，如果没有得到正确的处理，则可能会出现肌肉功能障碍，容易导致纤维性硬块、骨化性肌炎。

根据受伤程度的不同可以将股四头肌挫伤的类型分成以下三种：

首先，轻型。这种类型损伤范围比较小，疼痛出现在局部的地区，不会影响到正常行走下蹲或者站起，也不会受到太多的局限。

其次，中型，有明显的疼痛、肌群肿胀，在上坡或者下坡的时候走路比较困难，膝关节能够进行的活动角度小于90度。

最后，重型。大腿部位有严重的肿胀，痛感强烈，肌肉外形已经变得模糊，走路严重受损，疼痛甚至会影响睡眠，膝关节进行活动时角度小于45

度，膝关节部分有严重的积液。

股四头肌挫伤基本只会出现在篮球运动当中，它是因为受到了暴力冲击才导致的损伤，在激烈的比赛过程当中，如果球员拿着球做交叉动作，与此同时进行进攻，那么防守队员如果用膝盖冲击了队员的大腿外侧，那么就会出现这样的损伤，受伤的时候会感觉肿胀、疼痛，会发现皮肤下面有淤血，如果受伤严重可能会出现血肿。

（2）预防股四头肌的挫伤。一般情况下，对方队友的直接冲撞会出现股四头肌的挫伤，所以，在比赛中应该使用保护措施，如使用护腿的工具或包扎工具。与此同时，运动员也应该注意自我保护，提高自我保护意识和技能水平。

（3）股四头肌挫伤之后使用的康复治疗方式。在治疗过程中应该根据受伤特点进行阶段式的治疗。

早期：指的是受到伤害的48小时之内，这时的措施处理主要是为了降低出血。如果症状比较轻，则可以使用冷敷的方式，也可以在外部贴上樟脑膏或进行磁疗；如果症状比较重，那么应该在冷敷的同时进行加压包扎，避免走动。

中期：指的是受伤时间超过48小时之后的阶段，这个阶段主要是吸收血肿，修复组织，避免受到再次损伤，这时可以使用的治疗方式比较多，比如说红外线治疗、磁疗、超短波治疗等，也可以使用无痛按摩。一般情况下，可以同时使用一种或两种治疗方式。如果疼痛的部位比较集中，则可以针对该部位注射松龙；如果症状比较严重，则可以在外面敷新伤一号。

后期：这一时期主要是对粘连进行处理，让膝关节的功能恢复到正常状态。后期指的是受伤七天之后的阶段，通常情况下，针对的是重症的患者，如果受伤不严重，则通常可以在一到两周之内恢复。在这个阶段可以配合运用音频电疗的治疗方式、红外线加电针的治疗方式，除此之外，还可以使用超短波疏导手法清理膝关节中的积液。

功能康复训练过程中应该注意以下几个问题：康复训练应该开始于几

天的休息之后，具体的时间应该视损伤程度而定。如果是轻型患者或者中型患者，那么只需要保持较少的活动即可，但是如果是重型患者那么应该先休息至少一天，然后再进行股四头肌的训练。每天的训练还需要分成不同的阶段，每一个阶段进行100次到1000次左右的股四头肌抽动训练。在训练两天到三天之后，可以慢慢地让大腿上抬。进行康复训练时应该先恢复股四头肌的功能，然后逐渐加大膝关节部分的屈伸活动，在正常走步功能恢复之后可以慢慢地进行跑步活动。与此同时，也可以加强下蹲动作的练习，具体的运动量应该根据运动员自身的感觉来定，训练不应该加重之前的受伤部位的疼痛感，在完全结束恢复训练之后，可以正式投入正规的训练。

（三）足踝部常见损伤与处理

1. 足踝部韧带损伤

（1）足踝部韧带损伤的病理机制。这种损伤经常被叫作崴脚，在运动过程中经常出现，损伤情况中最经常出现的是踝关节的外侧韧带损伤，运动员的跳跃、奔跑、旋转、落地都可能出现这样的损伤，这种损伤可能是因为脚底下踩了非常坚硬的物品或踩到了其他人的脚上，如果身体突然失去平衡或者突然被别人踩踏都可能出现这样的损伤。损伤出现的根本原因是脚掌不在中立位置上，出现了外翻或者内翻的状况。无论是外翻还是内翻，都不在踝关节的正常活动范围内，这样的翻转会导致踝关节某一个方向的韧带呈现较高的紧张状态，进而导致纤维断裂，引发疾病。在受伤之后马上就会出现非常疼痛的撕裂感，有的时候甚至会听到韧带断裂发出的声响，而且受伤之后通常会出现肿胀，肿胀可能是在几分钟之内出现，也有可能是在几个小时内出现，一般情况下，都会有皮下淤血、皮肤发紫的状况。

（2）预防足踝部韧带损伤。在运动过程中最好选择相对平坦的场地，然后带上可以保护身体的护膝和护腕，在进行一定的热身活动之后再进行训练，训练结束之后应该让身体进行一定程度的放松，如果之前受到过踝关节损伤，那么在比赛开始之前、结束之后都需要冰敷30分钟。

经常进行负重提踵、蛙跳等运动项目，训练踝关节周围的肌肉，使关节周围的肌肉富有弹力和扩张力，增强关节周围肌肉的力量承受力度。在训练和比赛前，认真进行各3~5分钟的足内翻（踝内旋、足内收内翻）和足外翻（踝外旋、足外展外翻）的静力性牵拉练习。在运动过程中注意自我保护，在对抗性很大的比赛中要注意动作，以免受到伤害，平时运动要适量，切勿急功近利，操之过急。训练强度要与自身条件相匹配，身体虚弱时要减少甚至停止运动，训练任务可逐步增加。对踝关节进行踝外旋、足外展外翻、跖伸的抗阻专门练习不能间断，要坚持对踝关节的韧性训练，注意正确运用运动的技术，加强技术练习。

（3）足踝部韧带损伤应该根据以下几个步骤进行康复治疗：

应急处理：如果发现踝关节出现了损伤，那么需要进行紧急处置，紧急处置的目的是避免损伤程度的加深，紧急处置的时候要先停止动作消肿然后止痛。

第一，冷敷。用浸过冷水的毛巾或者装有冰块的塑料袋冰敷受伤部位，冰敷时间应该维持20分钟左右，除此之外也可以用冲水的方式、淋水的方式代替冷敷，这一步骤的主要目的是镇痛消肿。

第二，加压包扎。包扎的时候需要使用宽的绷带从足部的内侧一直包裹到脚踝的外侧，然后从小腿的后面一直绕到足背外侧，包扎呈现的是一个8字的形状。

第三，使用中药或者西药涂抹在受伤的部位，涂药的作用是消肿、祛瘀、止痛。

第四，使用保护支持带。假如踝关节的损伤没有出现脱位情况或者骨折情况，那么在两天之后就可以开展小幅度的活动，为了保证活动处于轻微范围内，应该使用保护支持袋将脚踝部固定。

受伤超过一周之后，可以结合临床治疗展开康复训练，训练早期主要是在热水浸泡中使用仰卧的姿势将受伤的肢体抬起来，然后展开踝关节的伸屈训练，这样血液可以得到更好地循环，淤血也可以尽快消除，避免不同部位的局部粘连。除此之外，也可以在不引起疼痛的基本要求下展开跖肌、腓肠肌等的被动牵拉练习。在治疗中期，主要是进行脚步踝关节部位的肌肉训练，让这两个部位实现精细调节。举例来说，可以进行蹬功率自行车、足滚圆木练习。治疗后期主要训练的是踝关节周围肌肉、韧带、足伸屈肌群三个部位的力量，特别要关注踝外旋、外翻、跖伸方面的力量训练，即使在康复训练完全结束之后，踝部也可能会出现肿胀问题，所以，在训练之后也应该经常平躺着，将受伤的肢体抬高。

2. 跟腱断裂

（1）跟腱断裂的病理机制。跟腱是人体肌腱之一，人体站立状态的保持、人体的运动都需要它提供支持，篮球运动当中容易出现激烈动作、对抗动作，还要进行躲闪，还要进行力量角逐，这些动作有一些和跟腱提出的生理要求是不同的，所以，有的时候会出现跟腱断裂的情况。

引起跟腱断裂的主要原因：

第一，某一个部位处于过劳状态，并且患有跟腱周围炎。一般情况下，跟腱受伤之前都会感觉到酸胀或者疼痛，如果之前得过跟腱炎，那么更容易引发跟腱断裂。

第二，体力不充足、思想意识不高。如运动员没有做好精神和体力方面的准备，过于草率地参与了比赛或者在休息很长时间之后突然参与比赛，都可能会受伤。

第三，经历高强度训练之后没有进行合理的调整，身体处于过度疲劳的状态，大量高强度的训练会力不从心，如果长时间进行高强度训练，会增加受伤的可能性。

第四，没有进行系统性训练、经常性训练。训练之间相隔的时间过长，如果运动器官、感受器不持续地接受刺激，那么长时间之后面对刺激就可能出现反射消退的情况，也就是身体没有办法做出更好的应激处理，动作不协调，长时间不训练体重增加得比较快，肌肉弹性降低得比较快，这样的情况下展开动作训练就可能受伤。

第五，没有掌握正确的跑跳动作要领，基本功差。没有学习正确的起跳姿势、落地姿势，没有养成正确的姿势习惯就可能导致受伤。

（2）跟腱断裂的预防。

第一，在思想上要关注训练强度，避免跟腱部位长期处于高压负荷状态，长期的劳损会导致跟腱慢性疾病的出现，会让跟腱部位的血液循环受阻，影响它的正常发展，最后导致跟腱部位组织坏死，如果跟腱部位变得严重，应该尽可能早地进行治疗，避免出现跟腱断裂的情况。

第二，在开展定期运动量的时候，也要经常进行与跟腱部位有关的柔韧性练习，经常进行拉伸，这样可以让之前形成的轻度炎症慢慢消失，也可以减缓脂肪组织增生，避免其他的病变，让跟腱有更强的牵张应力。

第三，自己要经常进行跟腱部位的按摩。一般情况下，闭合性的跟腱断裂主要是出现在这个区域，小血管数量比较少，类似于没有血管的区域。如果经常进行按摩可以让这个区域有正常的血氧供应，可以避免严重情况的出现，也可以让跟腱部位有更强的抗拉能力。

第四，运动保护性装置。如果要开展大型比赛或强度比较大的训练，那么可以使用热水泡脚，并且使用弹力绷带固定小腿部位或踝关节部位，保护跟腱部位，使其尽可能避免损伤。

第五，如果年龄比较大或者不经常参加训练，那么跟腱部位可能会出现功能衰变。如果体力没有恢复到之前的水平，那么不应该进行冒险的训练、剧烈的训练。

（3）跟腱断裂的康复治疗。

1）一旦确诊为跟腱断裂，特别是跟腱完全断裂，最好不失时机地采用手术治疗。手术方法是将跟腱断端缝合，并用腓肠肌的筋膜做修补予以加固。

2）对于跟腱部分断裂的患者，如患者无特殊的功能要求，应在损伤后立即冷敷，并用推拿按摩的顺推手法将断裂的腱组织纤维给以理顺复平（手法要正确、稳妥、有力），然后用药外敷，或用消肿散、消瘀止痛膏局部外敷，并加压包扎，还可以局部封闭以止疼、止血。

3）坚持适时、适量和循序渐进的功能锻炼。一般来说，1~5周做全身保健操和足跖屈活动，4周后垫高跟（2.5厘米）扶拐走路；6周至3个月逐渐做提踵和蹲起活动，3个月后慢跑，恢复正常人活动功能。最早6个月以后开始正常训练，过早进行活动和恢复训练易产生不良后果。

二、篮球运动中的疲劳与消除

（一）篮球运动中的疲劳

篮球运动中的常见疲劳，一般分为心理性疲劳和身体性疲劳。在篮球运动训练及其他体育活动中，心理性疲劳和身体性疲劳是密切联系的。因而，运动性疲劳通常被认为是身心的疲劳。

1. 心理性疲劳的表现

心理性疲劳指的是在心理活动中，心理出现了疲劳状态。

第一，早期疲劳。这个阶段的症状是大脑的兴奋性更高，运动员的意志能力变低，虽然表面上看起来有了更快的速度，但是运动员的心情越来越烦躁或是过于兴奋，这些都是早期疲劳的基本症状，越来越可能心不在焉，没有办法集中注意力，可能会出现较多的工作失误。

第二，中度疲劳。在这个阶段的主要表现是兴奋程度降低，抑制能力降低，经常打瞌睡，容易犯困，身体没有力量，肌肉变得松弛。如果持续地进行锻炼就会越来越烦躁，容易发脾气，对周边很小的事情也非常敏感，而且练习效率不高，很容易出现低级错误。

第三，慢性疲劳。这个状态也叫作过劳状态，这个状态的主要特征是大脑感觉非常的压抑，面色苍白，没有办法集中注意力，记忆力低下，逻辑思维混乱，没有办法做出更为抽象的判断，想象力比较低。

2. 身体性疲劳的表现

身体疲劳主要是因为身体活动和肌肉的活动。

第一，主观症状表现。头部非常沉，容易出现眩晕，经常头晕眼花，全身没有力量，注意力不集中，动作迟钝，脚步沉重，容易犯困，有的时候也会感觉眼睛疲劳，肌肉疼痛，有可能视线模糊。

第二，客观体征表现。动作容易僵硬，动作协调程度降低，身体不积极，判断力降低，反应速度比较慢，出现了越来越多的动作失误，肌肉痉挛的情况越来越频繁，身体没有力量，没有斗志。

第三，过度疲劳表现。精神非常委靡，对周围的任何事物都没有过高的积极性，没有食欲，饭量有所降低，经常失眠，情绪也非常的不稳定，排斥运动。除此之外，血液出现了黏滞现象，肌肉膨胀，肌肉僵硬，也经常酸痛，关节没有办法进行灵活的运动，骨骼不坚固，甚至有人会出现心律不齐的问题。

（二）篮球运动中的疲劳消除

篮球运动中疲劳消除的方法主要有教育学方法、医疗生物学方法和心理学方法。

1. 教育学方法

通常而言，从教育学的角度来消除篮球运动训练的疲劳，要根据不同的过程采取有针对性的措施。下面介绍三种较为常见的教育学消除疲劳的方法：

（1）放松与整理活动。在消除篮球运动训练疲劳方面，放松和整理活动可以调整人的呼吸系统、内分泌系统状态以及神经和心血管系统的状态，经过放松和整理之后，人可以从剧烈的运动状态慢慢地变成安静的状态，在调整的过程中，肌肉可以得到有效放松，通常情况下，放松和整理活动当中可以运用的疲劳消除方法有以下两个：

1）慢跑和呼吸体操。这种方法可以加速血液循环，让下肢的血液尽快地回流到心脏，这种方式可以有效地促进身体当中代谢产物的消除。

2）肌肉、韧带拉伸等放松练习。肌肉、韧带拉伸对减轻肌肉僵硬和酸痛症状，清除肌肉中的乳酸具有十分重要的作用。

（2）持续静力牵张练习。通常情况下，这样的练习可以在一定程度上缓解肌肉酸痛或者僵硬，可以有效放松肌肉，让骨骼当中的肌蛋白质更好地合成，这样骨骼肌才能尽快恢复。

　　静力牵张伸展练习应该以静态为主，在此基础上动静结合。在刚刚开始进行练习的时候，动作推进应该相对缓慢，而且持续1分钟之后需要进行同等时间的休息。一组练习可以这样重复两次到三次，牵张练习时间的具体长度主要受到负荷大小的影响，与此同时，负荷大小也会影响练习次数、重复次数。因此，最好在重要的训练结束之后马上进行静力牵张伸展练习，同时，使用揉捏的按摩方式，避免运动练习引起的不适感。

　　（3）睡眠。疲劳的消除、体力的恢复需要大量的睡眠提供支持，而且这也是恢复体力、减轻疲劳的最经常使用的方式，这种方法非常有效，在睡眠过程中，大脑不会过于兴奋，分解代谢的速度比较慢，但是合成代谢的速度比较高，可以让身体获得更多的能量累积。一般情况下，睡眠时间应该维持在八个小时到九个小时，如果训练强度比较大，比赛时间比较长，那么也应该延长睡眠时间。

　　2. 医学生物学方法

　　（1）水疗法。短时间的冷水刺激可增加肌力，有助于减轻训练疲劳。热水刺激使肌力下降，解除肌肉痉挛。温水刺激可放松肌肉，安抚神经，其在刺激血管扩张，促进新陈代谢和血液循环，消除疲劳中具有重要作用。

　　（2）按摩。按摩主要有三个方面的作用：一是能够促进毛细血管扩张；二是能够使局部血液循环和营养状况得到一定程度的改善；三是对于肌肉中消除乳酸和其他代谢产物，消除运动后肌肉酸痛等不适症状，并安抚神经等具有非常积极的促进作用。

　　为了消除篮球运动训练疲劳，通常情况下，运动员的按摩应安排在浴后，按摩的重点部位则主要集中在腰背肌、小腿和肩带肌群等部位。同时，还应根据运动员自身情况，适当调整按摩的时间、深度和力度。

　　（3）理疗。一般来说，理疗主要包括光疗、蜡疗、电疗等，通过这些方法作用于身体局部或全身，对于血液循环、疲劳的消除和机能的恢复具有很好的促进作用，并且能够取得较为理想的治疗效果。

（4）温水浴。作为消除疲劳的重要方法之一，进行温水浴时注意水温不宜过高，以40℃左右为宜，时间控制在10分钟左右，如果超过20分钟则会加重疲劳程度。此外，也可在篮球运动训练结束半小时后进行冷、热水浴，冷水温度为15℃，热水温度为40℃，冷浴1分钟，热浴2分钟，交替3次。

（5）药物疗法。为尽快消除由于训练而产生的疲劳，运动者在进行篮球运动后可适当服用一些药物，如维生素C和维生素E等。这些药物都能有效调节人体生理机能，加速新陈代谢，补充能量，改善血液循环，补充肌肉营养。

3. 心理学方法

心理学方法消除运动疲劳，主要是指通过运用心理学对大脑皮层进行调节达到消除疲劳的一种方法。心理学消除疲劳的方法对场地没有特别要求，只要环境温暖、舒适、安静，没有直射的阳光即可。心理学消除疲劳主要是通过引导词来做一些放松练习，通常持续20～30分钟。若在练习的同时配上舒缓的音乐，会取得更为理想的消除疲劳的效果。具体来说，主要有以下两种方法。

（1）音乐疗法。通过舒缓优美的音乐来放松神经系统，使运动者心情舒畅，身心放松，可有效消除篮球运动训练时产生的疲劳。

（2）自我调节法。自我调解法主要包括表象和冥想、自我积极暗示等。

1）表象和冥想。指每天睡前、醒后都在脑海中像过电影一样，把前一天教练教的动作要领想一遍，再想想自己在哪些方面做得还不够好，做好了成绩将能达到什么样的程度。

2）自我积极暗示。自我积极暗示是指通过调节让自己看到希望和价值。同时，在失败时能很快调节自己，找出自身训练的问题，并定下一个目标，相信自己还有潜力可以挖掘，还会更好。

第四章 篮球运动训练中游戏教学法的运用

第一节 篮球运动训练中游戏教学法的创编

一、游戏教学法概述

游戏教学法指的是教师结合教学目标、教学要求、教学任务与教学内容，通过游戏活动的形式开展教学活动的一种教学方法，使学生在参加游戏活动的过程中，能够在轻松愉快或者充满竞争的环境下掌握知识与技能。游戏教学法不仅能够有效地激发起学生的学习兴趣与学习积极性，还能够充分地开发出学生的内在潜能，促使学生尽快掌握教学的重难点部分，完成教师所制定的教学目标。除此之外，游戏教学法还能够给学生营造一个欢乐的学习氛围，调动学生的身体感官，使学生养成动手操作、动口表达、动脑思考的优秀习惯，让学生充分吸收教师所传授的知识，进一步促进学生综合素养的提升。

篮球游戏教学法指的是教师通过选择或者设计出形式与功能各异的游戏活动，来帮助学生对篮球运动理论知识以及基本技能进行学习与巩固的教学方法，以有效促进篮球教学效果的提升。"采用游戏教学法进行篮球教学，使篮球教学活动变得更加有趣，更能吸引大学生的注意力"。[1]在新时代背景下，国家所提倡的教育理念是"学生为主体、教师为主导"，这点和游戏教学法的教学主旨具有一致性。游戏教学法主张以学生为主体，将课堂交还于学生，使学生能够真正地参与到教学活动之中。

---

[1] 张志扬. 游戏教学法在高校篮球教学中的应用初探[J]. 内江科技，2021，42（11）：45.

（一）游戏教学法的基本理论

1. 需要层次理论

根据人类需要的迫切程度，可以将人类的需要划分为缺失需要与成长需要两大部分。其中，缺失需要是人类必须满足并且一定能够满足的基本需要，人类只有在满足缺失需要的基础之上，才能够产生成长需要。缺失需要作为人在成长过程中所必需的基础需要，主要包括生理需要、爱与归属需要、安全需要以及尊重需要，只有当这些低级需要得以充分满足时，才会产生更加高级的需要。成长需要主要包括人类在成长的过程中所产生的认知需要、审美需要以及自我价值实现的需要。成长需要是人们所不断追求的需要，是无法完全得到满足的。这类需要被划分成为高级需要，是一种对人的意识行为能够起到一定支配作用的需要。

亚伯拉罕·哈洛德·马斯洛于1943年提出需求层次理论后，该理论便对认识人的心理以及解释人的行为起到了十分重要的作用。通过分析亚伯拉罕·哈洛德·马斯洛的需求层次理论，能够很好地对游戏玩家为何痴迷于网络游戏给出解释。游戏玩家在游戏之中，借助击杀怪物，将自己在现实生活中的负面情绪尽情地发泄出来，能够满足自身的生理需要；游戏玩家可以在游戏中进行匿名聊天，既能够与其他玩家进行交流又能够隐藏自己的真实身份，这点充分满足了游戏玩家的安全需要；团队游戏则需要队友之间的相互帮助与配合，而这便给予了游戏玩家一种家的感觉，充分满足了玩家的爱与归属需要；玩家在网络游戏中不断地向更高难度的关卡前进，这不仅是玩家对朋友炫耀的资本，还能够获得同伴的肯定，这便充分地满足了游戏玩家的自尊需要以及自我实现需要。

亚伯拉罕·哈洛德·马斯洛所提出的需求层次理论充分阐明了人们对游戏的需要，并且对人们喜欢游戏的原因进行了解释，同时也为教学的游戏化设计提供了坚实的理论基础，也就是说，教师可以根据学生的生理需要、安全需要以及爱与归属等多方面的需要，对教学目标进行合理设计，设计出深受学生欢迎的游戏，并应用于篮球教学之中。

2. 期望激励理论

在采用游戏教学法的过程中，通常包含着比较明显的竞技元素，只要有竞技的存在，就会有输赢，也就会有相应的奖励与惩罚。适当的奖励与惩罚，对于之后游戏教学活动的顺利开展有着十分重要的积极意义。期望激励理论主要有四个方面的特点：①适当的激励能够对个人的付出与否及其付出程度产生影响。②人的业绩表现主要依靠个人的能力、所付出的努力以及对自己工作的了解程度。③绩效与奖励之间的关系。绩效只是一个前提条件，奖励是对于绩效的反馈。只有做好了自己的本职工作，才能够取得优秀的绩效，进而获得相应的物质奖励以及精神奖励。④奖惩措施是否能够让被激励者满意，主要取决于被激励者是否认为自己所获得的奖励是公平的。若被激励者认为自己所获得的奖励合理，那么便会感到满意，满意会激励人继续前进；若不合理，则会产生不满，不满则会阻碍人们前进的步伐。

激励理论能够帮助教师认识到通过怎样的激励措施能够强化学生的学习行为。学者在对游戏教学法进行研究与确立的过程中，主要还借鉴了杜威"从做中学论"与布鲁斯的"实务操作论"等诸多理论。

3. 合作学习理论

由于游戏具有团体的性质，所以教师在运用游戏教学法时，需要将学生进行分队或分组，使得学生队员或学生组员之间通过彼此的配合与协作，这样才能让自己的队伍或小组更加强大，以充分发挥游戏的功能。基于此，苏联开始流行合作教育学理念，该理念的代表人物是阿莫纳什维利，他非常重视教育方式，并提出要想学生能够积极主动并全身心地投入到学习活动中，有必要建立一个合理教育体系。阿莫纳什维利指出通过对学生兴趣的充分激发有利于学生进行自主性学习，同时也有利于引导学生在学习过程中不断增强自身学习的独立性，使其通过不断的努力获得成功，而且相关实践研究也表明，阿莫纳什维利所提出的合理引导学生的兴趣，对于教师教学效果的提升也有着十分重要的意义，因此，阿莫纳什维利提倡将各种游戏运用于教学实际中。阿莫纳什维利所提出的游戏教学法的最终目的并不是单纯地为了游戏而进行游戏，而是为了充分激发学生的学习兴趣，获得更好的教学效果。

除此之外，合作学习理论还应用了利维·维谷斯基的最近发展区理论。最近发展区理论可被理解为学生自身解决问题的能力，以及在与比自己优秀的人进行合作时所展现出来的能力上的差距，也就是学生的集体性活动能够对学生的成绩产生影响。学生之间在最近发展区中进行合作，有益于学生发挥自己的长处，提升学习效率以及学习质量，实现一加一大于二的效果。除此之外，还有益于学生之间在合作的过程中互相学习彼此的优点，弥补自己的不足，这对于学生自身的长远发展具有不可忽视的作用。一个人的学识、道德、价值观念等均需要在与他人进行合作的过程中获得。具体在篮球教学中，学生之间会因为团结协作，而获取到更多的知识，弥补自身不足，发展自身长处，实现全面发展。由此可见，合理地使用合作学习能够有效地促进学生对知识的吸收。

4. 寓教于乐理论

学生对学习产生倦怠感主要原因在于自己对所要学习的知识严重缺乏兴趣，所以无法对其投入过多时间以及精力。轻松愉快的心理对于学生学习成果的提升以及学习动机的激发有着十分重要的作用。爱玩是人类的天性，从幼年到成年，每个人都对各式各样的游戏有着极大的兴趣，会以极大的热情不知疲倦地进行钻研。寓教于乐的主要意义便在于改良大部分学生对于学习的心态，将学习转变成为一种愉快的体验。其中，乐学通常和教学内容、教学工具、教学设计以及教学方法等有着十分密切的联系。教师采用游戏教学法能够将学生的学习兴趣充分地调动出来，使他们的思维沉浸在游戏之中，在游戏中扮演主人公，以自己所学的知识、技能等来解决游戏过程中所遇到的问题，在娱乐的过程中对已经学的知识进行巩固，从而进一步提升自己的知识水平。

（二）游戏教学法的主要优势

利用游戏教学法能够进一步增加学生进行学习的积极性与自主性。总的来说，游戏教学法一共具有以下四个方面的优势：

1. 实现学生的个性化趣味性学习

"体育游戏在轻松愉快的课堂氛围中给学生提供了展示自身个性的舞台，学生在游戏中积极参与从而获得内心的愉悦和满足感，符合广大学生的生理和心理需求。在篮球教学中加入一些游戏环节，使学生在竞争中享受乐趣，在轻松愉快的氛围中接受教育，以娱乐化的游戏形式进行篮球教学训练，掌握篮球技术动作，提高身体素质，提高教学质量"。[1]

游戏教学法虽与其他教学方式有所不同，但却与网络游戏在场景设定以及游戏规则方面有一定的相同之处，学生可以根据自己的兴趣、爱好来选择适合自己的角色。但是与网络游戏不同的一点是，采用游戏教学法的教学过程并不死板，不会过于拘泥于某一种模式，同时也不会要求游戏的结果一定要做到哪种程度。任何事情都有多种做法，游戏教学法也不例外。学生学习的渠道不再单一，不再仅仅依靠教师的讲解来进行学习，每一名学生都能够根据自己的喜好和学习特点来选择最适合自己的游戏法，以满足自己的求知欲、激发自己的潜能，让自己在知识的海洋中遨游，体会学习的乐趣，令学习的过程不再枯燥。在教学过程中运用游戏教学法，学生不仅愉悦了身心，还学会了知识，这种以主动替代被动的学习方式更加能够促进学生的学习进步。

2. 开发学生的智力

游戏教学不仅有趣，而且很多游戏有利于开发学生的智力。例如，竞赛类的游戏，它不仅要求学生严格遵守各项竞赛规则，而且要让学生运用已有知识进行判断和决策。再如，拼图类游戏，它不仅需要学生熟练掌握已学过的篮球知识，更需要学生有很强的耐心、观察能力以及良好的空间感，这些都对学生的智力开发有着非常重要的作用。

3. 增强学生的认同感

当学生在游戏教学的过程中遭遇到自己无法解决的问题时，应当学会

---

[1] 李百成，陈鹏程. 体育游戏在篮球教学中应用的研究分析 [J]. 体育科技文献通报，2018，26（07）：67.

向其他同学寻求帮助。除此之外，还要学会在帮助他人与接受帮助的过程中与他人进行沟通与交流，并在遵循教师所制定游戏规则的前提下进行良性竞争，在双方同时遇到无法解决的问题时果断选择合作并共同进步。学生在这样的游戏环境中能够充分地体会到来自同伴的爱与关怀。此外，需要特别强调的一点是，篮球教师在开展游戏教学的过程中，应当给予学生绝对的信任与支持，要在学生学习过程中获得成功时及时地鼓励他们，在学生遭受到挫折时及时地安慰他们，这对于他们的学习进步而言有着十分重要的作用。

4. 增强学生团队意识与心理承受力

学生在参与游戏教学时，通常需要同伴之间相互合作才能够取得最终的胜利。游戏中也存在竞争，学生在竞争的过程中，要清楚地认知到该如何进行良性竞争，如何才能充分地发挥出自己的主观能动性，如何才能够获得竞争的胜利。只要存在竞争关系，那么便必定会有失败的一方，学生要清楚地认识到就算是失败了也没有关系，最多就是养足精神，提升自己的能力之后，再进行一次比赛，不能只因为遭受一次失败便丧失信心，陷入消极情绪而不能自拔。因此，教师在设计游戏环节时一定要充分地考虑到所设计的游戏评价机制是否合理，不可以让学生感受到自卑，要以提升学生的抗压能力为主，使他们养成不轻言放弃的良好习惯。

5. 调动教师和学生的积极性

教师在教学的过程中要做到改变自己的教学观念，并清楚地认识到，学生对于知识技能的理解与掌握不是由教师讲懂的，而是由学生通过开拓自己的思维以及不断地进行技能训练得到的。因此，教师在教学过程中要做到将学生的积极性充分地调动起来，做学生学习道路上的引领者。教师与学生之间以及学生与学生之间要建立起尊重、信任、民主的关系，这样学生才能够毫无压力地对所学知识发表自己的意见与见解，才能够充分地活跃课堂氛围，有效调动教师和学生之间的积极性，使教学成果达到最大化。

二、篮球运动游戏教学法的原则

（一）目的性原则

教师在教学课堂中所开展的游戏都具备十分强烈的目的性。不管所进行的是哪一种游戏，均是带着教学目的而展开的。当教师在教学过程中提出要进行游戏，那么其目的绝不只是单纯地玩而已，教师有可能是为了活跃沉闷的课堂氛围；也有可能只是为了将所要教授的某一个知识点，通过游戏的方式，让学生能够更深入地理解；还有可能仅仅只是某一个教材、某一个教学目的中所设定的教学方法，能够让教师在教学过程中更加省力，让学生在学习过程中更加清楚自己所学习的内容。要想做到以上几点，便要求教师在设计课堂游戏的时候要充分地考虑游戏是否实用，并对其所产生的效果进行估计，分清楚游戏之中的主次关系，也就是对教学重难点进行合理划分。总而言之，在篮球课堂中所开展的游戏，一定是要带着目的的。

（二）锻炼性原则

锻炼性原则指的是学生通过参与到篮球游戏教学中，进一步发展自己的体力和智力，以此来达到增强体魄、锻炼身体的教学目的。虽然篮球游戏与智力游戏二者均属于教育性的游戏，但是二者的教学目的并非完全一致。智力游戏的教学目的旨在培养学生的智力，而篮球游戏的教学目的则同时具备智力因素的培养以及学生身体素质的培养。因此，教师在进行篮球游戏教学的过程中要将锻炼性原则贯彻于整个教学过程之中，娱乐仅仅只是一种方法手段，锻炼才是开展篮球游戏教学的核心目的。除此之外，教师在进行篮球游戏时，要考虑到游戏对于学生的负荷量以及其是否能够对学生产生锻炼效果。

（三）教育性原则

教育性原则指的是在整个篮球游戏教学环节之中，教师对学生的思想道德、情感意志、智力能力等多方面展开教育的一种原则。不同的游戏教学有着属于自己的游戏规则与比赛方法，但是当游戏步入到十分紧张的阶段时，有些参与者一心只想要获取胜利，而将游戏规则视若无物，选择不正当的方式参与竞争，严重破坏了游戏的公平性，甚至引发其他参与者之间的争执，使得游戏难以继续进行。基于此，教师在开展游戏教学的过程中一定要重视对学生的思想品德进行教育，将篮球游戏教学与德育教育充分地融合在一起，严格执行游戏规则的同时，对学生进行规则、纪律方面的教育，使学生慢慢养成遵守游戏规则、遵守课堂纪律的良好习惯。由于篮球游戏基本是以分组形式开展的，因此，教师要在开展游戏的过程中有意识地培育学生的合作意识，潜移默化地对学生开展集体主义教育以及意志品质教育，进一步培养学生高尚的情操和健全的品格。

（四）娱乐性原则

娱乐性原则指的是开展篮球游戏教学时需要具有娱乐性，以提升游戏中趣味性作为基础，来激发出学生对于学习的兴趣。虽然在教学中开展篮球游戏并非是以娱乐来作为最终目的，但是在篮球游戏中娱乐性却是一个不可或缺的重要因素。娱乐性和趣味性作为游戏的灵魂所在，倘若缺少了二者之中的任何一个，那么便难以体现游戏的真正价值。因此，教师应当在游戏教学过程中尽可能地提升游戏的娱乐性和趣味性，以此来提升学生对于游戏的积极性，只有当学生的热度得到了提升，游戏的价值才能够真正地体现出来。

（五）安全性原则

安全性原则指的是教师在开展篮球游戏的教学过程中，始终倡导"安全第一"、强化纪律教育、确保学生安全、保证教学有序开展的一种教学原则，同时，该原则也适用于其他的体育教学工作。由于篮球游戏具备竞争、竞技、竞赛的特点，所以激烈程度较高、难度较大，这导致学生的参与欲望强烈、投入度较高，会不同程度地产生一些激烈的情感波动。基于此，学生在参与到游戏时，有可能会忽视掉自己的人身安全，特别是有一些游戏本身就给予了学生很大的自由发挥空间，这便使得学生在完成游戏的过程之中难免会出现一些与预料不同的结果，从而增加了出现意外的可能性，使得教师对于学生游戏过程的掌控难度加大。因此，教师在进行游戏安排时，一定要将准备工作做到极致，防患于未然。除此之外，教师还要做到加强学生的安全教育，进一步提升学生的自我保护意识，帮助学生在篮球游戏的组织以及教学中树立起"安全第一"的思想观念。

（六）直观性原则

直观性原则指的是在篮球游戏的教学过程中，教师借助具体讲解以及形象示范的方式，使学生的认知从抽象到具体、从感性到理性的过程。篮球游戏由篮球的基础知识与技战术组成，通过直接的动作示范来向学生进行展示，有效地提升学生对于篮球知识的掌握程度。总而言之，教师在开展篮球运动游戏教学的过程中，坚持以身作则，来为学生起到良好的示范作用，这样不仅能够有效地节约教学时间，还能让学生对游戏过程产生更为清晰的认知。

三、篮球运动游戏教学法的设计

第一，分析教学目标。通常情况下，学习目标主要包括认知领域目标、情感领域目标以及动作技能领域目标，一般的学习目标均以上述三部分为主，但是在真正的教学实践过程中还是会有目标重心的存在，整个教学均是以所设定的教学重心为核心。在篮球游戏教学中，第一步便是设定教学目标，而教学目标的设定主要是为了选择更加适合教学的游戏。若所选的游戏是一个好游戏，则能够有效地拓宽学生的思维、培养学生的潜能。同时，教师在选择教学游戏时，还应当考虑到该游戏能够引发学生怎样的情感等。

第二，分析教学内容。教师在进行教学设计之前应当对所要教授的内容进行详细的分析，明确教学中的重难点。篮球教师在设计教学内容时，要对学生的学习习惯、学习兴趣等进行详细的观察，以此来推算出学生在每个学习阶段的思维方式。通过对学生的日常生活进行观察，得出学生在日常生活中究竟对于哪些事物感兴趣，并在教学中将学生感兴趣的这些事物与教学进行融合，以便能够有效调动学生的学习兴趣，达到事半功倍的效果。

第三，分析教学对象。教学对象分析的主要作用是为教学设计提供基础信息。主要包含有两点：①学生对于篮球教学本身已经拥有了一定的知识基础，也就是所谓的"起始能力"；②学生对于学习篮球知识与技能所产生的心理影响、生理影响以及社会特征，也就是学生自己的年龄、班级、性别等"一般特征"。由此可知，对教学对象所进行的分析实质上便是对于学生的起始能力与一般特征所进行的分析。

对于学生的起始能力所进行的分析主要包含三个方面，即"预备技能分析""目标技能分析""学生态度的分析"。其核心目的是为了帮助教师能够充分且有效地把控教学游戏的教学重点。对于学生一般特征所进行的分析则主要是以学生的心理年龄特征、智能以及情感发展特征、学习风格为核心展开的。由于大学生普遍年龄在18岁到22岁左右，该年龄段的学生已经拥有了一定的抽象思维能力以及理论思维能力，并逐渐向辩证逻辑思维方向发展，此时的他们不仅拥有了更为敏锐的观察能力，且自身的思维组织性以及思维批判性也得到了一定的发展，具备了更强的思考能力和判断能力。因此，篮球教师在为大学生制定游戏时，要时刻牢记进行游戏教学的核心目的是为了促进学生学习积极性，要充分考虑到游戏本身的挑战性。因为，若是游戏过于简单，那么大学生便会产生太过于幼稚的错觉，而导致参与度过低，这样自然无法通过游戏来实现教学目的；倘若所制定的游戏过于复杂，学生便需要花费掉过多的精力去充分了解游戏的详细规律，那么游戏本身所具有的教育性势必会被降低。

第四，设计教学方法。篮球教师在进行教学时，需要以教学内容和教学目标为依据来选择合适的教学方法。除此之外，在选择教学方法时还要充分地考虑到学生的主要思维方式以及日常生活状况。

第五，设计教学过程。教学过程是整个教学中的主要阶段，因此，篮球教师在对教学过程进行设计的时候要做到全面考虑，从而进一步地优化整个教学过程，使教学效果变得更加清晰。除此之外，篮球教师在对教学过程进行设计的时候还要做到具体问题具体分析，在不同的教学阶段选择最适合的教学方法来进行教学。

第六，反思与总结。教师在教学结束之后，要对整个教学过程进行总结性评价，对于该教学过程之中的优点予以保持，缺点则努力克服。

四、篮球运动游戏教学法的实施要点

游戏教学法作为一种发展的动态过程，需要在遵守既定规则的基础上，根据问题情境，确定问题性质，制订解决问题的策略，因此，教师在选择或者应用这种方法时，要注意以下方面的问题：

第一，使学生明确游戏与教学游戏的本质目标。游戏的本质目标是娱乐，教学游戏的本质目标是学习解决问题的过程，而不是游戏本身，因此，教师在应用游戏教学法时，要加强指导，注意引导学生时刻关注解决问题的过程，让学生运用信息技术在游戏中学会搜集与分析信息，学会与人沟通及协作，学会表达思想和意见，学会解决问题的策略，学会协调人和事，学会控制自己的游戏过程和思维发展。

第二，正确处理教学游戏法的趣味性与严肃性。游戏教学法作为一种常见的教学法，应该是有据可依的，必须是科学而严谨的。因此，教师应该对游戏的趣味性与严肃性进行合理把控，如果游戏的趣味性过度，这就需要教师充分发挥自身的主导性，对整个游戏过程进行有效监督与适当控制，对游戏活动时间进行合理安排，尤其是要注意根据课程实施的需要决定游戏活动的开始时间与停止时间，不能一味地注重游戏的趣味性，而是应该适当保持其课堂教学的严肃性。

第三，选择与运用的游戏要适当、适度、适实。教师在运用游戏教学法开展篮球教学的过程中，并不需要整节课都使用游戏活动，教师应该结合教学内容、教学目的以及其他的实际情况灵活安排游戏活动，要做到适当、适度与适实。其中，适当就是要根据教学内容科学选择游戏，对于一些不能引入游戏的教学内容，应该不采用游戏教学法，否则，如果运用不当，很有可能产生不利的影响。适度就是说所引用的游戏应该保证其难度适宜、形式丰富多样而且具有一定的挑战性。适实就是说要根据教学内容、教学条件、学生实际情况等多方面的因素合理选择游戏，将游戏融入篮球教学中。因此，教师需要根据教学过程因素，正确引导学生，不能以玩游戏代替教学，不能因为玩游戏而耽误了正常的教学秩序；要合理调配玩游戏与学习任务的时间比例，尤其是不能使学生过多地沉迷于游戏中，要善于提高学生的自我调控能力和约束力。

第四，根据学生特点合理选择游戏。在运用游戏教学法的过程中，由于教学目的、学生身心特征不同，而且不同类型的游戏也具有不同的特征，因此，教师利用游戏教学法进行教学的程序也有所不同。通常情况下，对于认知水平较低的学生，可以引入一些难度较小且具有益智性的游戏活动，以对学生的操作技能与思维能力进行发展；对于一些认知水平比较高的学生，可以引入一些难度稍大的角色扮演类或者战略类游戏，通过游戏教学法来培养其问题解决能力、合作交流能力、社会责任感等。

第五，善于将游戏法与其他教学法进行整合。游戏教学法宜与其他教学法进行整合，特别是与任务驱动法、探究法、协作法等方法相整合。游戏教学法最大的风险在于学生进行游戏时兴趣高昂，游戏结束后却不知道学会了什么。而与其他方法相整合，则可以完全淡化其他方法中学生"被动接受任务""被迫完成任务"的意识，巧妙地把"驱动、探索"等手段转换为兴趣浓厚的"自主游戏"，两者弥补了各自的弱点，发挥了各自的强项。

第六，及时地进行反馈与总结。游戏教学法大多数是学生自主学习的过程，很多学生对于学习的效果和完成任务的程度不是很清楚，完成游戏（通关）不是完成任务，在完成任务中解决问题，培养思维能力、协作能力、沟通能力等才是学习的重点和目标，因此，教师要根据学生的教学实际情况，建立多种反馈渠道和多种与学生沟通的方式，建立形成性评价与总结性评价相结合的发展性评价机制，做到及时反馈，及时总结，达到强化学习的目的。

第二节　篮球运动训练中游戏教学法的实践

一、脚步移动游戏

（一）抢位

（1）练习目的：提高学生弧线跑、侧身跑、急停、转身技术和快跑能力。

（2）场地器材：篮球场一个。

（3）练习方法：学生在球场中间围成一圆圈面向圆心站立，指定其中的"A"为引导人。游戏开始，引导人"A"在圈外沿顺（或逆）时针方向跑动，突然用手轻拍站在圆圈上的任一位队员（例如"B"）的背，然后迅速急停、转身反方向快跑；被拍的队员"B"立即起动沿"A"原来的方向快跑，两人分别从两个方向抢占"B"原来的位置；先到者为胜，负者则按前述方法再去轻拍另一人并抢占其位置。

（4）练习规则：①某一抢位者的一脚先到为有效；②两人必须从相反方向抢位，谁违犯规定谁负。

（5）练习建议：①可视参加游戏的人数多少决定场地大小；②若参加人数多，可分成内、外两圈，两圈间相距3米左右，各圈自行按上述方法抢位；③还可要求"引导人"在抢位过程中随时做出任何一个动作，而被拍者则必须模仿"引导人"的动作后，方能继续抢位。

（二）冲过封锁线

（1）练习目的：发展和提高学生快速奔跑中变方向和动作的能力。

（2）场地器材：篮球场一个，软排球若干个。

（3）练习方法：把学生分为人数相等的甲、乙两队，甲队先分散站在球场两侧的边线外，每两人一球；以整个篮球场为"封锁区"；乙队站在球场端线外，当听到教师鸣哨后立即起动，以快速跑、跳、变方向、变动作、躲闪等方法冲过"封锁区"到另端端线外；在封锁区内被甲队掷出的球击中者退出场外，每冲过一个人得一分；甲、乙两队互换进行，得分多者为胜。

（4）练习规则：①掷球人不得踏线或越过边线进行"封锁区"内掷球击人，否则罚停比赛直到第二轮开始；②掷球人不得用球击队员腰部以上的部位，否则罚其停止比赛直到游戏结束。

（三）折回跑比赛

（1）练习目的：提高学生起动、急停和转身技术，发展快跑能力。

（2）场地器材：篮球场一个。

（3）练习方法：把学生分为人数相等的两队。游戏开始的信号发出后，两队排头第一人立即起动，快跑到罚球线急转身跑至端线，然后再到中线，如此进行，最后一次从对面端线返回原端线击该队第二人的手，该队第二人按同样方法和路线快跑。以后全队顺次进行，直至全队轮完。先轮完的队为胜。

（4）练习规则：①必须跑到规定位置用一脚（或用一手摸地）触线才能折回；②前后交接必须击掌为号，否则返回击掌后再起动；③必须完成规定的折回次数；④违反上述规定者为犯规，凡犯规者罚其在最后重跑一次，否则取消比赛资格。

（5）练习建议：①可根据参加游戏的人数多少多分几个队进行比赛；②可采用三盘两胜制，或五盘三胜制，或计分的方法决定最后胜负；③移动的方式可改为滑步或后退跑，移动距离和路线也要相应改动。

（四）变向跑接力比赛

（1）练习目的：提高学生的变方向跑技术，增强动作的协调性。

（2）场地器材：篮球场一个或平整的空地一块；标志物六个。

（3）练习方法：在球场两半场的罚球线延长线外侧、中圈与中线交点处分别穿插摆设三个标志物；学生分成人数相等的两队，各成纵队面向场内站立于同一端线后。游戏开始，两队排头第一人立即起动，先后在经过的三个标志物前做变方向跑，跑至端线折回；同样在三个标志物前再作变向跑，跑回原起点击第二人的手，第二人按同样方式和路线作变向跑。直到全队轮完一次，先轮完的队为胜。

（4）练习规则：①必须在标志物前做变向跑，不得绕过或碰触标志物，否则返回重做；②必须脚踩端线方能折回，否则返回重做；③必须前一人掌击下一人的手，下一人方能起动，否则返回重新起动；④必须有一脚踩前场端线才能返回，否则犯规，犯规者在该队最后重做一次。

（五）穿插追击

（1）练习目的：提高学生曲线跑的速度和灵活性。

（2）场地器材：篮球场一个或平整空地一块。

（3）练习方法：把学生分为人数相等的甲、乙两队，两队相隔一臂左右距离交叉成圆圈，面向圆心手拉手站立。各队首先选出一人猜拳决定"追者"与"逃者"的角色，并在圈外相距约3米以上距离准备起动。游戏开始的信号发出后，两人同时迅速起动，从圆圈上人与人间相连的手臂下逐个穿插前进，在规定的圈数（或时间）内，如追上为追者胜，判给追者所在队一分；否则为逃者胜并判给其所在队一分；然后双方第二人出圈以同样方法进行比赛，以后依次进行直到规定的人数或游戏时间结束，计算各队得分，得分多的队为胜方。

（4）练习规则：①追者和逃者都只准在圆圈上的人连接的臂下穿插前进，不得冲撞或强行超越，否则算对方得分；②追者的手触及对方即为追上有效；③若在规定时间或圈数内追者未追上对方，而逃者也未被对方追上，则为平局，或判给双方各得一分；或判双方各失一分；或判双方均不得分；或判双方重新再追，直到分出胜负。采取哪种方法判定由教师决定。

（六）抱球追人

（1）练习目的：训练学生的反应速度及侧身跑能力。

（2）场地器材：篮球场或平整的空地一块，每人一个篮球。

（3）练习方法：全体队员每人单手抓一篮球于手上，面向外围成一圆圈站立；指定其中一人为"抢球人"。游戏开始，抢球人沿圆圈外逆（或顺）时针方向快跑，随时趁持球人不备，从其手中把球抢走后继续奔跑，持球人在球被抢后立即出击，在回到原位前追上抢球人则仍由原抢球人去抢球，否则他原来的位置由抢球人占据，自己则变为抢球人，再用同样方法去抢别人的球。

（4）练习规则：①无论抢球人还是追球人，都必须沿逆（或顺）时针方向跑动，并且不得离开圈1米以外跑动；②凡以手触及抢球人即为追上；不得拍、打、推人。

（5）练习建议：此游戏也可以计分方式变为全队对抗，分数高的队为胜。

（七）换球比赛

（1）练习目的：提高学生移动、转身、急停等动作的速度。

（2）场地器材：篮球场一个，篮球若干个。

（3）练习方法：把学生分为人数相等的甲、乙两队，成横排分列于球场两侧边线外面站立，并用一脚踏边线做好起动准备，每个人前面稍偏左（或右）的边线上放一个篮球。游戏开始的哨声响后，双方都向双方边线方向跑，把放在该处的球拿回自己的边线上放好，两人中先完成者为获胜；然后计算双方获胜人数多少，获胜人数多的队为胜。

（4）练习规则：①凡抢跑者均扣该队一分；②起动时不得碰、触放在线上的球，否则判对方得一分。

（5）练习建议：①使相对奔跑的两人间有2～3米的空档，以免发生碰撞；②最好在放球位置上用粉笔画一个圆圈为放球标志；③如果人数多，可分成三或四组，甲、乙组先做，失败的换上丙组与获胜的比赛，反复进行。

（八）穿"树林"

（1）练习目的：提高学生的防守滑步和快速跑动中的变向及起动速度。

（2）场地器材：篮球场一个。

（3）练习方法：把篮球场两边线规定为"安全线"，把学生分为人数相等的甲、乙两队；甲队在场两篮筐的假想连线处站成一横排，相互间相隔1米左右组成"树林"；乙队成一横排站于边线外，乙队为进攻的"穿林人"。游戏开始，甲队利用滑步、反跑、转身等移动技术设法堵住乙方的进攻，不让其从"树林"的间隔中穿过；乙方则设法利用各种步法力争短时间内穿过"树林"，2分钟后双方交换攻防，穿过"树林"人数多的队为胜。

（4）练习规则：①组成"树林"的每个间隔只能由一个进攻队员设法穿过，否则按多余人灵敏的多少判给对方相应的穿过"树林"的人次数；②防守者在进攻者穿过"树林"时抓住对方为有效；一旦对方穿过后，在他到达另侧"安全线"（即另侧边线）前拍到对方也有效。

（5）练习建议：①若参加游戏的人数多，可分成三组，用穿过一人计一分的方法三组对抗；②若参加游戏的人数少，可让进攻组两到三人首先出列穿过树林，然后全队逐一进行对抗；③游戏可采用计时计数的方法判定胜负。如规定30秒为穿"树林"时间，计算30秒内有多少人穿越成功，攻守交换，游戏重新开始。

（九）移球接力

（1）练习目的：提高学生起动、急停和快速跑动能力。

（2）场地器材：篮球场一个，篮球两个。

（3）练习方法：球场一端的端线为起跑线，在球场两罚球圈旁边各画两个直径为1米的小圆圈，把两个篮球先分别放于靠近起跑线的两个圆圈内；再把学生分为人数相等的甲、乙两队并成纵队面向场内站立。游戏开始，两队第一人首先起动跑至放球的圈内急停捡球后，再迅速起动跑至无球的圈内急停并把球放下，然后再起动至端线作急停转身返回做直线快跑，到达起跑线后击第二人手掌；第二人立即起动做直线快跑至对侧端线后急停转身，到达有球圈时急停捡球，然后立即起动把球放到无球圈内再起动击第三人手掌；第三人按第一人的跑动方法进行；如此循环直至全队轮完，先轮完的队为胜。

（4）练习规则：①移球时，球必须放入圈内并放稳，否则重放；②到达端线或交接下一人时，必须有一脚踩线，否则重跑。

（十）摸高快跑

（1）练习目的：综合训练学生快跑、急停、转身、跳跃能力。

（2）场地器材：篮球场一个。

（3）练习方法：把学生分为人数相等的两队，各成纵队面向场内站立球场端线外。游戏开始，两队排头迅速起动跑至中线处用手触摸中线后返回，在篮板下跳起用单（或双）手摸篮板，连做三次反拍第二人的手，自己站到队尾；第二人依前进行。全队每人轮一次，先轮完的队为胜。

（4）练习规则：①发令和被拍手后方可起动，否则退回原处重新起动；②手触中线地面方能折回，否则返回中线处触及后才能折回；③跳起摸篮板时摸到一次算一次，必须摸够规定数量，否则返回重摸。

（5）练习建议：可根据游戏者的年龄、水平或其他实际情况决定采用下列某一方法：①增减折回次数，例如跑至罚球线折回，再跑至中线折回，再跳起摸篮板；②增减折回跑距离，例如跑至罚球线折回跳起摸篮板；③增减跳起高度，例如采用竖高为1.05米的篮板，或竖高为1.20米的篮板、或摸篮网，或篮板下挂一吊球为标志，或篮板上画一标志线等；也可改为摸篮板一次后即可接力，摸篮板两次后可以接力，摸不到篮板的学生原地纵跳三次后才能接力，以此鼓励学生练习弹跳。④增减摸篮板次数；⑤改变起跳或摸篮板方式，例如双脚起跳，或单脚起跳，或单手摸板，或双方摸板，或两手交换摸板等。

（十一）高抛快跑

（1）练习目的：提高学生起动、快跑、急停、转身以及手对球的控制能力。

（2）场地器材：篮球场一个，篮球两个，标志物两个。

（3）练习方法：把两个标志物分别放在球场中圈与中线交接处，把学生分为人数相等的两队，各成纵队面，向一个标志物站立于罚球线的两端点上，排头各手持一个球。游戏开始，各队排头用力将球垂直向上抛起后，迅速向前跑至标志物处急停、转身，在球落地前跑回原处并在球落地反弹向上的一瞬间迅速用双手把球按压在自己膝盖以下的位置把球抓住，然后把球交给第二个同伴，自己回到本队队尾；以后全队按顺序逐一进行，直到每人做完一次，先完成的队为胜。

（4）练习规则：①抛球方式不限，但必须在球落地反弹的瞬间在膝盖以下部位按压并抓住球，否则判其重做一次；②起动快跑时必须有一脚踩中线才能转身返回，否则判其重做一次。

（5）练习建议：①可改为用单手按压并原地运球三次后，把球交下一个同伴的方法；②如器材条件允许，可改为一人一球同时进行，最后计算各队成功次数。

（十二）组合步法接力

（1）练习目的：训练学生跑动中急停、转身、侧身跑、变向跑动作，提高不同动作间的快速衔接能力。

（2）场地器材：篮球场一个。

（3）练习方法：在同一半场的地上分别画出三个相互交错的标志点；把学生分为人数相等的两队，各成纵队面向场站立于同一端线后，端线与三秒区线的两个交接点处。游戏开始，各队排头快速起动，按右-左-右的顺序，每到一个标志点前做急停、后转身，到中线的最后一个标志点做急停后转身后接后撤滑步，滑至前场有一脚踩端线后，立即起动沿边线外做侧身跑返回原起点，击本队第二人的手后，自己返回本队队尾。以后按顺序全队每人逐一做一次，以先完成的队为胜。

（4）练习规则：①必须按规定动作进行，否则判其重做一次；②必须有一脚踩中线或端线才能变换动作，否则判其重做；③返回后必须由前一人对后一人击掌后，后一人才能起动，否则返回重做。

（5）练习建议：此游戏的移动路线、各点移动方式可由教师来决定。

（十三）高抛快接

（1）练习目的：提高学生在快速跑动中急停、转身的动作速率和准确性。

（2）场地器材：篮球场一个，篮球一个。

（3）练习方法：教师手持一球站立于球场中圈内，把学生分为人数相等的两队，各成纵队站立于教师两侧。游戏开始，两队排头队员首先在中线后做好准备，开始信号发出后立即起动向前场篮下快跑，教师适时鸣哨，同时把手中的球向上垂直抛起，两排头队员听到信号后迅速急停、转身向中圈快跑，在球未落地前把球接住，接住球者得一分；然后换各队第二人以同样方法进行，最后以得分多的队为胜。

（4）练习规则：①向前快跑必须积极，不得用迈大步的方法等信号；否则可直接判给对方得一分；②球经上抛后在未落地前接住为有效。

（5）练习建议：①可改为在球从地上反弹起来的瞬间用双方按住球为胜的方法；②此游戏可改为急停急起的练习，即教师抛球，学生起动；教师接球，学生急停。如此几次后，先到对面端线的学生为胜。

（十四）对抗抱球

（1）练习目的：训练学生攻防步法移动的综合运用能力。

（2）场地器材：篮球场一个，篮球一个。

（3）练习方法：在球场中圈内画一个直径为1米的同心圆，把一个篮球放于该圆圈内。把学生分为人数相等的甲、乙两队，各成横队站于两边线外。游戏开始，双方各出一人，先由甲方为进攻，乙方为防守；鸣哨后，甲方队员运用各种步法设法摆脱乙方队员的防守，进入中圈抢球；乙方队员则同样运用各种步法防住对手，不让其进入中圈抢球；在30分钟以内，甲队员抢到球得一分；反之，抢不到球乙方得一分；然后双方第二名队员进场，交换攻守后以同样方法抢球。如此后复进行，直到每人均做一次后，计算双方积分，积分多的队为胜。

（4）练习规则：①进攻队员只能用各种脚步动作摆脱对手去抢球，否则算对方直接得一分；②防守队员出同样不得推、拉对方，否则算对方直接得一分；③只能在中圈周围5米范围内跑动，否则双方均不得分。

（十五）三角形滑步接力

（1）练习目的：提高学生快速滑步动作的准确性和协调能力。

（2）场地器材：篮球场一个，篮球一个。

（3）练习方法：在球场在个圆圈分别设三个点，再把学生分为人数相等的三队，每队派三个人各持一球分别站立于三个圆圈的三个点上，三人相对成等边三角形，其他队员成横排面向各队圆圈站立。游戏开始，各队第一名队员进入圈内，听到开始的信号后迅速沿圈内三人组成的等边三角形按顺时针方向做快速滑步移动，每到一个持球队员前要用手触摸一次球，三个球都触摸到算成功一次，直到规定时间到，计算各人滑步摸球的成功次数，按次数多少确定名次和得分：第一名得三分；第二名得两分；第三名得一分；然后各队第二名队员进入圈内以同样方法进行。直到全队每一人完成一次，计算各队的累积分，累积分高的队名次列前。

（4）练习规则：①必须按三角形路线进行前滑步、后撤步、后滑步和侧滑步的移动，否则判其失败，所有已进行的滑步不计次数；②每次经过三角形的三个点时必须用手触摸球，否则为失败。

（十六）徒手突破对抗

（1）练习目的：使学生在对抗中体会移动步法的综合运用要点。

（2）场地器材：篮球场一个。

（3）练习方法：以球场两篮圈的假设连线为准，把球场分为左、右两区。把学生分为人数相等的甲、乙两队，各成纵队面向场内站立于球场左侧的端线后。游戏开始，双方各出一人（甲1、乙1）进行对抗赛：以甲1先作为进攻队员，乙1作为防守队员，甲1在球场左侧范围内以各种步法变换突破乙1的防守并到达前场端线外为胜，得一分；反之，若甲1未能摆脱乙1的防守，在到达前场端线外前，被对方逼出界或逼出两篮圈的连线，则为乙1得一分；然后双方互换攻防，又从另侧端线外以同样方法返回。直至全队每一人做一次后，计算双方得分，得分高的队为胜。

（4）练习规则：①双方均只能用快速的脚步移动方法，突破或防住对方，防守队员只能以身体挡对方不能出现手臂拦挡的方式。否则算对方得分；②进攻队员冲过前场端线为成功；③防守队员把对方逼至边线外或逼出两球篮的假设连线外为成功。

（十七）徒手突破接球

（1）练习目的：提高学生在对抗中摆脱或防住对手时的脚步移动技术。

（2）场地器材：篮球场一个，篮球四个。

（3）练习方法：以球场两篮圈的假想连线为准，把场地划分为左、右两侧，再把每侧自端线到中线处分别称为一区、二区、三区、四区，每个区的边线外设一人各持一球为固定的掷边线界外球的人。把学生分为人数相等的两队，每队又分为四组，各成纵队站立于球场左右两侧的一、二、三、四区的端线外。游戏开始，各组双方以猜拳决定攻、守；双方各出一人，进攻队员以各种脚步移动在1/4场内、在最多5秒钟内设法接住掷边线界外球的人掷出的界外球得一分；防守队员则防住对方或在5秒钟外接不到球或在1/4场以外接到球，则为防守得一分；然后各组的第二对攻守再开始新一轮攻守。如此反复进行，直到全组每人做一次后，计算双方得分，再累加全队积分，积分高的队为胜。

（4）练习规则：①攻、守双方均不得在球场的1/4地区以外移动，否则判对方得一分；②不得用推、拉、顶、绊等方法攻防，否则算对方得一分；③在规定的范围和规定的时间内接到球为成功，否则为失败。

（十八）抢球攻防转换

（1）练习目的：综合提高学生的各种攻、防步法的动作，使其体会运用要点。

（2）场地器材：篮球场一个，篮球一个。

（3）练习方法：把学生分为人数相等的甲、乙两队，以猜拳决定攻防；把篮球放在防守一方的跳球圈内；防守队员分散在半场的界线内进行防守，进攻队则分散在半场的界线外进攻。当进攻队设法进入半场内抢到球并顺利把球抛给同伴时，同伴则迅速把抢到的球放在本方的跳球圈内，此时双方攻、防互转，原进攻队变成防守队，返回本方半场的界线内防守，设法防住球不让对方抢去；原防守队变为进攻队，设法从进攻方的半场界线外进入场内抢球；凡抢到对方的球并顺利放在本方的跳球圈内算得一分。如此攻防互转对换，直至规定时间内，计算双方比分，比分高的队为胜。

（4）练习规则：①防守一方只能在各自的半场界线内进行防守，不得超越界线，否则算对方直接得一分；②进攻一方可在半场界线外寻找机会突破进入场内抢球，但被对方抓住时不得挣脱，而应把球放回原处并退出场外，再次伺机进场抢球；③抢到的球"顺利抛给同伴"是指球在抛的过程中不被对方截获。

二、传接球游戏

（一）胯下绕球走与传球接力

（1）练习目的：提高控制球能力，练习传接球技术。

（2）场地器材：篮球场半个，篮球两个。

（3）练习方法：把学生分为人数相等的两队，站于端线后各队排头持球，在各队前面5米左右设一标志杆。游戏开始，排头队员每向前跨一步，持球在胯下绕一次，如：左脚向前跨一步，则球经胯下从右手绕至左手，然后右脚向前跨步，球经胯下从左手绕至右手，如此进行，走至标志物，转身将球传给第二位同学，先轮完的组为胜。

（4）练习规则：①必须每走一步，两手交接球一次；②若球中途掉地，应从原地捡起再做；③胯下绕球的方式可改为其他控球方式。

（二）先运后传

（1）练习目的：练习运球技术，提高传接球能力。

（2）场地器材：篮球场地一块，篮球若干个。

（3）练习方法：将全班学生分为两队，间隔5米左右面向站立，队员之间间隔1米，其中一队学生持球。游戏开始，持球学生运球至对面同学，绕过该同学返回原出发点，并将球传给对面同学，第二轮游戏开始，每轮中最后完成传球的同学接受惩罚。

（4）练习规则：①运球不能走步，也不能失去对球的控制；②到达原点后才能传球，否则算输。

（三）往返急停传接球

（1）练习目的：使学生熟练移动中急停传、接球技术，提高传接球时手脚的协调能力。

（2）场地器材：篮球场一个，三人两个篮球。

（3）练习方法：学生甲、乙、丙三人一组，全体共分成若干组；甲、乙各持一球相隔5~6米相对而立，丙位于两人中间靠近乙的一方面向甲。比赛开始，丙向甲的方向上步做跨步急停接甲传来的球并立即把球回传给甲，随即转身向乙，再做上步的跨步急停，并接乙传来的球，即马上回传给乙；然后，再次后转身上步跨步急停接甲的来球并回传给甲，再后转身上步跨步急停接乙传来的球并回传给乙，如此反复进行，直到规定的时间到，以传接球次数多的组为胜；然后甲、乙依次以同样的方法进行，直到游戏结束。

（4）练习规则：①传接球次数以中间的人接和回传各一次算一次计；②急停—转身—接球—回传的整个过程必须连续进行，中间不得停顿；③传接球失误，其传接球次数必须从头计起。

（四）迎面传接球比赛

（1）练习目的：使学生掌握行进间传接球的手脚配合方法。

（2）场地器材：篮球场一个，篮球两个。

（3）练习方法：把学生分为人数相等的两队，每队又分为甲、乙两组，两队并排成纵队相隔约8~10米站立，两队的甲组排头各手持一个球。游戏开始，两队乙组第一人迅速向前快跑接甲组第一人传来的球，并用行进间传球的方法把球传给甲组第二人，自己回到本组队尾，甲组第一人传球后也回本组队尾；然后甲组第二人、乙组第二人、甲组第三人、乙组第三人……依次按同样的方法跑动中迎面传接球，直到规定时间到，以传球失误次数少的队为胜。

（4）练习规则：①只能用行进间双手胸前传接球的技术进行比赛；②传球时出现走步算失误一次；③在规定的时间内，计算传接球失误次数的多少，少者为胜；④不得以任何理由缩短两组间的距离。

（5）练习建议：①传球人传球后可直接到本队另一组的队尾排队继续比赛；②传球距离的远近根据学生年龄和技术的掌握程度做相应调整；③篮球专业学生初学传接球技术不宜采用此游戏，避免影响运动技能的规范。

（五）运—传球接力

（1）练习目的：发展学生传接球与其他技术结合运用的能力。

（2）场地器材：篮球场一个，篮球四个。

（3）练习方法：把学生分为人数相等的四队，分别成纵队面向中圈站立于球场的四个场角，各队排头手持一个球。游戏开始，四队排头同时起动向中圈运球，运至中圈后，立即转身用规定的传球动作把球原地传给本队第二人，然后返回本队队尾；第二人在原地接球后以同样方法运至中圈再把球传本队第三人，如此连续下去，直到全队每人做完一次，以速度最快的队为胜。

（4）练习规则：①传球人必须运球至双脚进入中圈才能把球传回本队下一人，且必须是原地传球，否则为传球失误；②接球人必须站在以场角为圆心、以50厘米为半径所画的半弧内接球，离开该半弧即为失误；③传、接球失误判其该次传、接球无效，由失误的两人再重做一次。

（5）练习建议：传球方式可改为：①原地双手胸前传球；②原地单手肩上传球；③原地双手头上传球；④原地反弹传球。

（六）变化传递球

（1）练习目的：学习和掌握双手接球和持球动作方法，发展灵活性和柔韧性。

（2）场地器材：篮球场一个或平整的空地一块，篮球两个。

（3）练习方法：把学生分为人数相等的两队，队员间相距一臂左右距离成纵队站在场内，排头手持一个球；游戏可以以下面任意一种方式进行：

1）第一个人用双手把球从头上传递给第二人，第二个人接球后用双手把球从胯下传递给第三个人，如此按次序一个从头上、一个从胯下，把球传递至排尾。

2）第一个人双手持球向左转体把球传递给第二个人，第二个人双手接球后向右转体把球传递给第三人，如此按次序一个向左一个向右直到把球传递至队尾。

3）队员分腿弯腰把球从排头至排尾由队员胯下滚过去，排尾队员接到球后，马上抱球快跑到排头，分腿弯腰再次把球从胯下滚到队尾，如此按次序滚球、抱球快跑直到全队每人轮完一次。

4）把队员间的距离再拉大一臂距离，第一人持球转身把球抛给第二个人，第二个人用双手接球动作把球接住并转身把球抛给第三个人，第四个人用同样方法接第三个人的来球后再抛给第五个人，如此按次序直到排尾。

5）把上述方式交错进行，例如从头上—脚下传过去，再从排尾把球滚回排头，滚球回排头的队员则从队伍旁边跑到排头位置把滚回的球接住再依次传递；排尾队员接到球后迅速抱住球（或运球）跑至排头，转身向后再开始下一轮比赛，直到全队做完回归原位。先做完者为胜。

（4）练习规则：①严格要求动作规格和传递球的顺序，否则以失败算；②不得主动缩短队员间的距离，否则以失败算。

（5）练习建议：①如果参加游戏的人数多，可多分几个队同时进行，以计分方法定胜负；②可以定时的方法计算各队轮转次数，然后分出胜负；③传递球方式也可综合选用方法1~5中的两种。但应以队形宜于组织为原则。

（七）按号传球

（1）练习目的：提高学生的快速传接球技术，扩大视野。

（2）场地器材：篮球场或平整的空地一块，篮球一个。

（3）练习方法：把学生分成人数相等的两个组，每组按1、2、3、4、

5、6、7……按号排好。游戏开始，双方各一人在中圈跳球；先获得球的队按本方的号码顺序进行传球，例如1传2、2传3……依次循环进行；未获得球的队则进行防守，抢断到球后开始其本方的按号传球，失球队又变成防守……如此循环反复，直到规定时间到，连续传球次数多的队为胜。

（4）练习规则：①必须在规定场地内按规定号码传球，否则违例；②传球时不得运球、走步，否则违例；③防守者抢断球时不得有推、拉、打、绊等犯规动作；④违例、犯规时所传或所抢断的球均无效，由对方在原地掷球继续比赛。

（5）练习建议：①尽量把每组的人数分少些，例如1～5号、1～7号等；②如果参加游戏的人数多、组数多，可几组同时进行，即一组传球，二三组防守，或采用"打擂台"的方法，每次三个队同时开始，在规定时间内，负的两队下场，胜的队留下与新上场的两队比赛，以增加游戏的难度。

（八）传球跑垒

（1）练习目的：提高学生的传接球技术，特别是长传球技术运用能力和快跑速度。

（2）场地器材：并排的篮球场两个或平整的空地一块，篮球（或小篮球）一个。

（3）练习方法：在场地上画一个边长为12～15米的正方形，其四角各再画一个边长为40厘米的正方形，分别命名为"本垒""一垒""二垒""三垒"，在"本垒"与"二垒"的对角线上，距"本垒"约6～7米处画一条长约80厘米的横线，称之为"投球线"。

把学生分成人数相等的甲、乙两队，甲队为防守队，出四个人分别站在四个垒外一步远的地方做"守垒员"，再出一人担任"投手"持球站在投球线上；乙队为进攻队，排头单脚踏垒准备跑垒，其余队员成横排站在本垒后方。

游戏开始，甲队从投手开始依次向本垒、一垒、二垒、三垒的顺序传球给本方的守垒员；乙队排头则在甲队投手的球离手的瞬间立即起动，依次跑向一垒、二垒、三垒，每到一个垒必须踏及该垒的垒区再向下一垒跑去，如此甲队的传球先返回本垒，则得一分；反之，若球先返回"本垒"，则跑垒员出局；若攻方有三人先后被判出局，则双方互换攻守。双方在进行完规定局数后，以积分多的队为胜。

（4）练习规则：①投手出球后，跑垒员方能起动，跑垒时必须依次经过并踏及各垒区；②守垒员接球后必须踏入垒区，方能依次把球传给下一垒的同伴；③守垒员不得阻挡、推、绊跑垒员，也不得用球掷击跑垒员；④违反上述各点，若是攻方则不得分并判出局，若是守方则直接判给对方一分。

（5）练习建议：①场地大小可根据学生实际进行调整；②若参加人数多，可多分几个队，或在两个半场上同时进行，或采取淘汰赛。

（九）三角传球

（1）练习目的：提高学生的传、接球动作速率和控制、支配球能力。

（2）场地器材：篮球场一个或平整的空地一块，篮球六个。

（3）练习方法：在场上画两个边长为4米的等边三角形，两个三角形相隔约3米；把学生分为人数相等的两队，成两列横队站立于两个三角形之间的同一边线后方，每队再以三人一组分为若干组。

游戏开始，各队第一组的三人各手持一球，分别站在三角形的三个顶角上，同时沿着逆时针方向进行连续的原地双手胸前传球，直到其中有一人失误，立即换上第二组三人继续进行（第一组三人均退下）；在规定时间内累计各组传接球成功次数，成功次数多的队为胜。

（4）练习规则：①必须用规定的传接球方式进行传接球；②必须站在三角形的顶点上进行原地双手胸前传接球，不准踩线或过线；③违反上述两点者算失误，由下一组替换；④以一人一传一接算一次计算成功次数。

（5）练习建议：①此游戏也可改为四个人传四球（场地为正方形）、五个人传五球（场地为五角形）、三个人传两球的方法进行比赛；②传接球的距离和传球方式可根据实际情况适当调整。

（十）三传两抢

（1）练习目的：提高学生在对抗中传接球的准确性和动作速率。

（2）场地器材：篮球场一个或平整的空地一块，五人一个篮球。

（3）练习方法：把学生分为五人一组，其中三人为传球者，持一球并相隔3~4米成等边三角形站立，其余两人为防守者，位于三角形内准备抢球。游戏开始，外围三人用各种方式传球，不让两名防守人抢到球；两名防守人则积极防守抢断传球人的球，直到球被防守者抢到或传接球失误，两名传接球失误的传球人与原来的两名防守人互换攻防继续进行游戏。

（4）练习规则：①外围三个传球人不得拉大相互间的距离，但可以用运球避开防守的抢断；②可用任何方式传球，但球在手中停留不得超过5秒；③两名抢球者只有把球抢到手才算有效。

（5）练习建议：此游戏可演变为：五传三抢（八个人一个篮球）；六传四抢（十个人一个篮球）。其规则可参照三传两抢进行适当变动。

（十一）夹击抢球

（1）练习目的：提高学生在对抗中传、接球技术运用能力。

（2）场地器材：篮球场一个或平整的空地一块，五人一个篮球。

（3）练习方法：把学生分为五人一组，其中两人为传球人，他们可在1/4场内任意进行跑动中传接球，另三人防守者，采用人盯人方法对两个传球人进行防守，同时对两人中的有球者进行夹击，凡夹击成功或传、接球失误或防守抢断到球，则三个防守者中的两人与两个传球人互换攻防继续游戏。

（4）练习规则：①传球的两人只能在规定的1/4场地范围内进行传接球或运球，否则为失误；②传球人可用任何方式传接球，但球在手中停留时间不得超过5秒，否则为失误；③夹击抢球者只有在不犯规的情况下把球抢到手才算有效。

（5）练习建议：此游戏可演变为三传四抢（七人一个球）、四传五抢（九人一个球）等形式。

（十二）中心球

（1）练习目的：发展学生快速、准确的传、接球技术。

（2）场地器材：篮球场一个或平整的空地一块，篮球两个。

（3）练习方法：把学生分为两队，各成圆圈站立，每队设一个"中心人"持球门在圆圈中间。游戏开始，中心人与圆圈上的本队队员依次进行快速传接球，以先结束的队为胜。

（4）练习规则：①传、接球失误时取消前面的次数，必须从头开始新的传、接球；②"中心人"与圆圈上的队员间的传、接球只能依次进行，不得间隔进行；③只能用规定的传、接球方式进行传、接球。

（5）练习建议：可规定以下传球方式：①原地或跳起双手胸前传、接球；②体侧传球；③原地或跳起双手头上传球；④单手肩上传球；⑤反弹传球；⑥推拨传球；⑦各种不同高度的接球。

（十三）简易垒球游戏

（1）练习目的：增强学生传、接球的准确性，扩大视野，提高速度。

（2）场地器材：篮球场一个，箩筐一个，篮球一个。

（3）练习方法：以篮球场的半场为游戏用的"垒球场"，半场的四个角向内各画一个边长为50厘米正方形即为垒球的本垒、一垒、二垒、三垒，各垒由防守一方派一人为"守垒员"准备接同伴传来的球，在本垒的顶角处画一个长1米、宽60厘米长方形为掷球区，跳球圈内放一个箩筐，防守一方派一人在离箩筐2米远的地方守卫，把学生分为人数相等的甲、乙两队，每个队约9~15人。

游戏开始，先由甲队进攻，甲队第一人持球进入掷球区，听到教师鸣哨后，他可向场内掷球或把球放在场内，球一离手他即可向一垒跑去。当进攻队员把球掷出后，防守队员把球接住，并把球传至站在箩筐旁的同伴并由他把球投入箩筐；或在球未落地前防守队员把球接住。他可直接把球传给在一垒、或二垒、或三垒上的同伴（即各垒的"守垒员"），让其"触杀"伺机跑垒的进攻队员，直到进攻一方有三人被判"出局"，双方互换攻防继续游戏。一局后计算双方得分，得分多的队为胜。

（4）练习规则：

1）跑垒员可在球未回到箩筐前连续跑垒或寻找机会一垒一垒前进，直到返回本垒算得一分。

2）进攻队员把球掷出后，防守队员在球未落地前接住，他可以把球传向任一垒的同伴，接球队员可一脚踩住正方形的垒区，并用双手持球触及跑至其垒区的进攻队员，被触及的进攻队员称为被"触杀"判出局；否则他可以一垒一垒跑下去直至返回本垒，得一分。

3）进攻队员把球掷出后，防守队员在球落地后才把球接住，他只能把球传向守卫在箩筐旁的同伴，并由接球队员把球投入箩筐内。

4）跑垒员有一脚先进入垒区的正方形，而后防守队员才把球投入箩筐或用球接触跑垒员，则为跑垒员安全；相反，若球先进筐或守垒员先持球触及而后跑垒员才进垒，就算其出局。

5）进攻队员不得把球掷出场外，否则算出局。

6）进攻队员必须依次轮流掷球，第二局开始时接第一局掷球次序继续进行。某方有三人被判出局为"一局"，双方互换攻防。

7）跑垒员有一脚踏入垒区的正方形即为进垒；防守队不得以任何方式阻碍跑垒员进垒，否则为跑垒员安全进垒。

（十四）抛球转体接球

（1）练习目的：提高兴奋性，培养观察判断能力。

（2）练习方法：抛球动作方法同上。向上抛球后，原地做前转身360°～720°（也可做后转身），转身后用双手把球接住。

（3）练习规则：向左、右侧转体轮换进行，接不到球者，原地纵跳2次。

（十五）正踢腿交接球

（1）练习目的：熟悉球性，发展柔韧性。

（2）练习方法：原地正踢腿，同侧手持球将球绕腿下传至另一手，左、右腿交换进行。

（3）练习规则：两腿交替向前踢起，在规定时间内次数多的为胜。

（十六）双手胯下反弹前后交接球

（1）练习目的：提高身体前后控制反弹球能力。

（2）练习方法：两脚平行开立屈膝下蹲，双手持球于两大腿前，双手使球向下击地到两脚中垂线上，双手撤于身后接球，再从身后将球向下击地反弹到体前，双手收回体前接球。

（3）练习规则：①胯下前后运球时，双目向前看，球向下击地至两脚中垂线上；②失败者原地单脚跳2次，再随队进行练习。

（十七）绕环颈、腰、腿间交接球

（1）练习目的：熟悉球性，增强球感。

（2）练习方法：两脚并拢，用右手持球，在头部周围绕一圈后，右手将球转到腰右侧，把球交给右手绕腰一圈，继续绕两腿一圈后，然后按腰、头的顺序逆向绕球。

（3）练习规则：①交接球动作要快，手心相对，不得用手托球；②目标是在30秒内转45次以上，失败者继续练习。

（十八）胯下"8"字形交接球

（1）练习目的：熟悉球性，提高在腿间控制球的能力。

（2）练习方法：两脚平行或前后开立、屈膝下蹲，双手持球，放到两腿间，做两腿间的"8"字形围绕，反复进行。

（3）练习规则：①两脚平行或前后开立稍大于肩，下蹲，头部抬起。失败1次罚做2个俯卧撑；②目标是在30秒内做50次以上。失败者接着练习，不准停球。

（十九）行进间胯下"8"字形交接球

（1）练习目的：提高四肢协调配合能力。

（2）练习方法：两脚左右开立，略宽于肩，持球于膝前。练习时向前迈出右腿，同时左手持球在两腿中间将球交右手，左脚继续向前行进，右手持球绕经右腿外侧再将球在两腿间交左手。依次前进做胯下"8"字形交接球。

（3）练习规则：做此游戏必须在跑动中进行。若掉球失败，拾球后继续练习。

（二十）迎面传、接球比赛

（1）练习目的：提高快速传、接球能力。

（2）场地器材：篮球场1个，篮球2个。

（3）练习方法：在球场上画两条相距4~5米的平行线，把队员分为人数相等的两队，两队又各分为甲、乙两组，各成纵队相对站于两条平行线后，两队甲组排头各手持一个篮球。游戏开始，两队甲组第一人（甲1）用原地传球方法把球传给迎面跑来的本队乙组第一人（乙1），然后迅速跑到本队乙组排尾站队；乙1跑动中接球后又迅速把球传给向自己迎面跑来的本队甲2，然后跑到本队甲组排尾站队；如此依次进行，直到全队完成规定次数，先完成的队为胜。

（4）练习规则：①游戏开始时各队甲组第一人不得踏、越线作原地传球；其余各人的传、接球均必须在跑动中完成，否则作失误处理。②如果传、接球失误，必须在失误处重新开始，前面次数取消；③接球人的跑动必须在线后启动，否则返回线后重新启动。

（5）练习建议：①可限定或不限定传球方式，以提高或降低游戏难度；②可用传球后跑回本组的方法进行游戏；③可根据实际情况，适当调整传接球距离、所分的组数等。

（二十一）跑动中传接球比赛

（1）练习目的：提高学生跑动中传、接球技术和手脚协调能力。

（2）场地器材：篮球场一个，篮球两个。

（3）练习方法：把学生分为人数相等的甲、乙两队，分别成纵队站立于端线后，排头各手持一球，每队又分别指定"A""B""C"三人为固定传球人，分别站在罚球线的一端、中线与边线交接点、另半场罚球线的同一端等三个点上。

游戏开始，排头第一人在原地传球给"A"后，即起动，接"A"的回传球并立即传给"B"，再接"B"的回传球立即传给"C"，然后迅速跑到场角以一脚踩场角做急停返回。

返回时转身接"C"的回传球再把球回传给"C"，再起动在跑动中接"C"的球传"B"，再接"B"的回传球传给"A"，接"A"的回传球后把球传给本队第二人，该队第二人接球后用同样方法进行跑动中传接球，如此反复进行，直到全队每人做一次，先轮完的队为胜。

（4）规则：①传球时不得运球或带球跑，否则已做的无效，罚其重做；②传、接球失误必须由传球人把球捡回在失误处继续；③传球人必须在传球给"C"后脚踩场角方能返回，否则已传的无效。

（5）练习建议：①不一定设三个固定传球点，可根据学生实际设两个、或一个、或四个不等；②根据实际情况可规定或不规定传球方式。

（二十二）四角传球比赛

（1）练习目的：提高学生在跑动中传、接球能力和准确性。

（2）场地器材：篮球场一个，篮球八个。

（3）练习方法：把学生分为甲、乙两队，每队各用半个场地。甲、乙两队又再分为A、B、C、D四个小组，各组分别站在半场的四个边角上成一路纵队，排头各手持一球。游戏开始，各组持球人同时把球传给下一组的第二人（即A1传B2、B1传C2、C1传D2、D1传A2）并在向前跑动中接他的回传球传给对角一组的第三人，自己跑到该组队尾；如此循环进行，直到出现其中一队有一次传球出现失误；先失误的队为负。

（4）练习规则：①传接球失误包括传接球本身失误、带球走或运球等；②只准用侧身跑，其跑动路线是弧线，不得跑对角线。

（5）练习建议：①先让队员试做几次再正式开始，可先从一个球开始逐步增加到四个球；②可双方集中在半场内，轮流进行对抗赛；③可在同一半场内两队分先后进行，传一次算一次计算成功次数，出现失误重新计算；

在规定时间内成功次数多的队为胜。

（二十三）集体连续跳传球

（1）练习目的：提高学生跳起在空中传、接球的能力。

（2）场地器材：篮球场一个，篮球两个。

（3）练习方法：把学生分为人数相等的两队，两队各成纵队相隔3~5米并排站立。每队又分为甲、乙两组，两组又各成纵队相对而立，其中甲组排头持一球，在两组间相距2米左右的地方画一条横线。游戏开始，甲组的排头队员跳起把球传给对面乙组同伴，然后自己跑至本组队尾；乙组排头跳起在空中接甲组排头传来的球，并在空中把球传给甲组第二名队员，以后按队伍顺序逐一进行，规定时间到，以在空中连续传接球次数多而不出现失误的队为胜。

（4）练习规则：①只能跳起在空中接、传球，否则为违例；每出现一次原地接球或传球，则在该队跳传累加次数中扣除五次；②不得越过横线作跳传，否则为违例。每出现一次越线跳传，则在该队跳传次数中扣除五次；③传接球失误可捡起后继续跳传，但其计算必须从头开始，此前的累加次数取消。

（5）练习建议：①若学生人数多，可多分几队，同时开始；②可改为队员跳传后，直接跑到本队另一组队尾的方法；③可改为在各组队尾后方约10米处（此距离由教师视学生具体情况而定）放置一标志物，学生每次跳传后必须绕过此标志物方能排回队尾。

三、投篮游戏

（一）三人投两球

（1）练习目的：磨炼学生的投篮基本功，在快速投篮出手中扩大视野，提高命中率。

（2）场地器材：篮球场一个，每三人两个篮球。

（3）练习方法：在半场范围内，以球篮中心与地面的交接点为圆心，以此圆心到罚球线的距离为半径画一个半弧线，此线以外即为比赛的"投篮区"。把全体学生分为甲、乙、丙三人一组的若干组，其中甲、乙各手持一个球，丙位于规定的投篮点上准备，三人均可在规定的投篮区内任意移动。游戏开始，两持球队员在投篮区范围内自投自抢，并把球传给无球的第三人，例如甲投篮出手并抢到篮板球后迅速把球传给丙，乙投篮并抢到篮板球后迅速把球传给甲，丙接甲的球后迅速投篮并抢到篮板球后则迅速把球传给乙。如此反复循环，直到规定时间到，计算该组的三人累计投中次数，然后再换上下一组以同样方法进行。直到所有的组都做一次后，以在同样时间内投中次数多的组为胜。

（4）练习规则：①三人都必须是自投自抢，其他人不得帮忙，否则投中无效；②传、接球失误要由失误者把球捡回并从失误处继续进行。

（二）投篮对抗

（1）练习目的：磨炼学生的投篮基本功，提高投篮命中率。

（2）场地器材：篮球场一个，每两人一个篮球。

（3）练习方法：如同"三人投两球"一样，划定一个"投篮区"作为队员投篮的基本范围。把学生分为人数相等的甲、乙两队，每队又分为两人一组，每组一个球。游戏开始，两队各出一组上场比赛。每组的甲1首先投篮，投篮后立即去抢篮板球并把球传给同组的甲2；甲2接球后即投篮，然后去抢篮板球传给甲1，如此反复进行直至规定时间到。计算甲1、甲2两人累计投中次数，并与由乙1、乙2组成的乙队比较，累计投中次数多的组获胜，胜组得一分；然后双方再换另一组进行同样的比赛，直到两队的所有组全部进行一次，累计双方得分，得分高者为胜方。

（4）练习规则：①比赛队员不得超越规定的限制线投篮，否则命中无效；②必须自投自抢再传给同伴，否则命中无效；③尚未轮到比赛的队员必须退至场外，并不得以任何方式干扰对方投篮队员投篮，否则算对方直接中一球。

(三)累加投中

(1)练习目的:提高学生投篮的出手速度和命中率。

(2)场地器材:篮球场一个,篮球两个。

(3)练习方法同"三人投两球"一样,划定一个"投篮区"作队员投篮的基本范围。把学生分为人数相等的甲、乙两队,每队又以两人一组分为若干组,两队第一组各持一球站在同一半场内准备准备。游戏开始,双方的两组同时开始,每组的两人各有一次机会,并且从投中第一球开始计算投中次数,均为自投自抢再把球传给同伴继续投。例如甲1和甲2组成的甲方第一组,甲1先投篮后不管投中与否,抢篮板球传给同伴甲2,甲2接球后投篮—抢篮板球—传给甲1,如此两人反复进行。但如果甲1的第一个球未投中,则甲2尚有一次机会,若甲2的第一球投中则甲1可再接球继续投;若甲2的第一球未中,则该组投篮失败,由甲方换本队第二组用同样方法进行。乙队的各组也是如此,直至规定时间到,分别累加双方各组的投中次数,累计投中次数多的队获胜。

(4)练习规则:①投篮队员可在规定范围内任意移动接球投篮,但不得越过限制线;②每人只有一次投中机会。

(四)点将投篮

(1)练习目的:提高学生移动中急停跳投的准确性和与其他技术快速衔接的能力。

(2)场地器材:篮球场一个,篮球四个。

(3)练习方法同"三人投两球"一样,划定一个"投篮区"作为队员投篮的基本范围。另在球场中线与边线交接点、中线与中圈交接点上分别画四个直径为1米的圆圈,把四个篮球分别放在这四个圆圈内。把学生分为人数相等的四队,各成横排面向场内站立于两个半场的边线外,排头靠近端线一侧,各队报数后要求学生记住自己的号数。游戏开始,当教师高声喊出"×号"时,四个队的"×号"时立即起动跑向中线拿球,快速运至"投篮区"的限制线前做急停跳投,不管投中与否都必须冲抢篮板球并把球运回中线原处放好,再返回队列原位置处。凡投中篮者得两分,首先返回原队列者得一分(即投不中篮不得分,除第一个返回原队列得一分外,其余均不得)。如此反复进行多次,最后以累积分多的队为胜。

(4)练习规则:①不得越过规定限制线跳投,否则投中无效;②投篮后球必须放回原处,如滚出来必须返回把球放好才能回到队列,否则判其失败,不得分;③投篮队员把球放回原处后必须返回队列中的原来位置,否则判其失败,不得分;④投篮队员只能用跳投,不得任意改为其他投篮方式,否则判其失败,不得分;⑤投篮队员不得用球故意干扰其他组的同学投篮。

(5)练习建议:①可规定或不规定投篮方式;②可视学生具体情况,增大或缩小"投篮区";③投篮也可改上篮,每两队用一个球篮,一人左侧上篮,一人右侧上篮。游戏比赛一轮后交换位置比赛。

(五)跳投接力比赛

(1)练习目的:磨炼学生急停跳投的基本功,提高其命中率。

(2)场地器材:篮球场一个,篮球四个。

(3)练习方法同"点将投篮"一样,但要规定每个队的所属圆圈。把队员分为人数相等的四队,各面向场内成横排站立于球场两个半场的边线外,排头队员与端线的延长线平行。当游戏开始的信号发出,各队排头第一名队员立即起动跑向中线本队的圆圈内,用单手把放在地下的球拍起,然后快速运球至投篮区线外做急停跳投,无论投中与否立即抢篮板球并运回原处放好,再快跑回本队击第二人的手,以后的每人均依此进行,直至全队每人轮完一次,投中次数多的队为胜。

(4)练习规则:①投篮队员必须用单手把放在地上的球拍起,否则重做;②只能用跳投的方式在限制线外进行投篮,否则投中无效;③投篮队员投篮后必须把球放回原处,如球滚离圆圈必须返回把球放好;④只有在前一队员击掌后,后一队员才能起动,否则返回重新击掌。

(5)练习建议:可把此游戏改为以投中次数多少和全队速度快慢的积分多少决定四个队的先后名次,即:①以投中次数多少排出1~4名,按第一名得四分、第二名得三分第三名得两分、第四名得一分，先算出各队的投中得分②以同样的分值（即1～4名的分值分别为4、3、2、1）算出各队的速度得分；③把两项得分相加，即为各队的最后得分，最后得分多的队名次列前。

（六）折回跑投篮比赛

（1）练习目的：发展学生在快速移动和体力消耗大的情况下的投篮能力。

（2）场地器材：篮球场一个，篮球两个。

（3）练习方法：以篮圈中心到地面的交接点为圆心，以此圆心到罚球线的长度为半径划一弧线，规定此半弧线以外、三分线以内的区域为投篮区，在此投篮区内再画两个半径为50厘米的圆圈为放球区，每圈放一个篮球。把学生分为人数相等的两队，分别成纵队面向场内站在同一半场的端线后、球篮两侧的地方，做好起动准备。教师发出游戏开始的信号后，两队队员依次按以下路线和方法进行比赛：向前快跑至罚球线，用手摸该线并迅速转身—跑回原起点处—用手摸端线并迅速转身—跑至中线—用手摸端线并迅速转身—跑至中线—用手摸中线—跑至放球圈拿球—投中或补中—冲抢篮板球—把球放回圆圈—跑回原起点处击下一个同伴的手。如此反复循环直到全队每人轮完一次，先轮完的队为胜。

（3）练习规则：①必须按规定路线、方法进行，否则投中无效；②必须在投中或补中才能把球放回圆圈，否则判其重做一次；③投篮后球必须放回原处，否则必须返回重新放好。

（4）练习建议：①计算胜负的方法可改为在规定时间内投中若干个球，先完成的队为胜；②可增加折回跑次数，或规定时间反复折回跑后再投篮；③可规定或不规定投篮方式，可允许或不允许拿球后运球到适合地点投篮；④可规定必须投中，或允许补中，或不必投中的要求；⑤可以两个半场四个队同时比赛（但要增加两个球），用计分方法排列名次。

(七)折回跑投篮升级比赛

(1)练习目的:提高快速移动中投篮命中率和相应的心理素质。

(2)场地器材:篮球场一个,篮球六个。

(3)练习方法:以篮圈中心到地面的交接点为圆心,以此圆心到罚球线的长度为半径画一半弧线,此弧线以内的区域称为"一级投篮区";此弧线以外到三分线以内的区域称为"二级投篮区";三分线以外到中线内沿的区域为"三级投篮区";每个区内与球篮成60°的左右两侧分别画两个半径为50厘米的圆圈,每个圆圈内各放一个球。队员安排同"折回跑投篮比赛"。游戏方法基本与上例同,但全队必须依次从"一级投篮区"起到"三级投篮区"

逐区投完规定次数。例如规定在"一级投篮区"要投中20个球,在"二级投篮区"要投中15个球,在"三级投篮区"要投中10个球,或每个区都要求中10个球等。最后按先完成规定指标的队为胜。

(4)练习规则同"折回跑投篮比赛"。

(5)练习建议同"折回跑投篮比赛"。

(八)投篮积分赛

(1)练习目的:提高学生在不同角度、距离投篮时的命中率和心理素质。

(2)场地器材:篮球场一个,篮球若干个。

(3)练习方法如同"折回跑投篮升级比赛"的场地一样,把半场分为三个不同距离的投篮区。在每个区的左右两侧与球篮分别成0°、45°、60°以及正面90°的位置上各画一个半径为50厘米的圆圈,称为各投篮区的"放球圈"。每个圆圈内放一个球并在圆圈内写上该圈的得分数字。各圆圈得分的原则是:距离越远得分越高,角度越小得分越高,反之则越低。队员安排同"折回跑投篮升级赛"。游戏开始,各队先用一定的时间商量确定该队的比赛策略。在听到游戏开始的信号后,两队排头立即起动按预定策略跑向任一个圆圈,拿起该圈内的球进行投篮,此球若投中则按该圈内分数记分，投不中则没有分。但不管投中与否均要冲抢篮板球并把球放回原处，跑回本队击第二人手，以后队员依次而为，直到全队每个队员都做一次后暂停比赛，计算各队的得分，得分多的队为胜。

（4）练习规则：①必须在规定的地方、用规定的投篮方式进行投篮，否则投中无效；②投篮队员从拿球起5秒钟内必须投篮出手，否则投中无效；③冲抢篮板球后必须把球放回原处，否则返回放好后再归队。

（5）练习建议：①可规定或不规定投篮方式；②可把队员分成四队，在两个半场内同时开始比赛。

（九）篮下各种方式投篮比赛

（1）练习目的：提高学生在篮下的各种方式投篮技术及其动作变换能力。

（2）场地器材：篮球场一个，篮球八个。

（3）练习方法：在球场的半场内分别画A、B、C、D、E五个直径为50公分的圆圈为标志点。把队员分为人数相等的两队，各成纵队站在各自半场的A点后，面向球篮。排头各手持一个球，每队另派一名队员甲持球站在其半场与B点平行的边线外，再派一名队员乙持另一球站在与C点平行的另侧边线外，还要再派第三名队员丙持第三个球站在与D点相距约2米的位置上。

游戏开始的信号发出，两队持球队员迅速把球传给本队的乙并快速向B点做侧身跑，接乙传来的球急停跳投，不管投中与否都不管球，快速跑至C点背向球篮接乙传来的球做转身跳投，投完后同样不用管球，迅速横移穿过三秒区到E点接甲传来的球做篮下勾手投篮，同样不用管球，再沿三秒区线上提至D点接丙的球做突破上篮，不管投中与否均要在此球未落地前接球补投，最后把球传回至本队下一人。以后队员依次以同样方法进行，直至全队每个人都做一次。以全队累计，投中次数多的队为胜。

（4）练习规则：①必须按路线和投篮方式投篮，否则投中无效并重做一次；②传接球失误，必须由失误队员把球捡起在失误处重新再做；③投篮或上篮时违例，投中无效。

(5)练习建议：①可在两个半场各一队同时进行比赛；也可集中在一个半场逐队练习后再进行比较；还可以每队一人先后比赛，以投中次数多少分出胜负，胜者得一分，最后以得分多的队为胜；②可根据队员实际情况增加或减少投篮点和投篮方式。

（十）抢先到"终点"

(1)练习目的：提高学生的投篮命中率，培养其投篮时的责任感。

(2)场地器材：篮球场一个，篮球两个。

(3)练习方法：与前述的游戏"投篮积分赛"的场地布置一样，把场地分为一、二、三级投篮区，在该区两侧（以两球篮的连线把球场分为左、右两侧）并与球篮成45°或60°处各画一个半径为50厘米的圆圈。把队员分为人数相等的两队，分别成横排（若人数多可成两列或三列横队）站在未画投篮区圆圈的另半场的同一端线后方。游戏开始，两队由第一个队员上场，选择投篮点的圆圈进行投篮，若此球投中则全队按规定前进若干步停下来；若此球未中则按规定全队原地不动同时换下一名投篮队员上场，原来的投篮队员则返回本队与同伴一起移动。以后队员按同样方法依次进行，直到全队返回原出发点。先回到出发点的队为胜。

(4)练习规则：①凡在一级投篮区的圆圈中投中者，其所属队全体向前走一步；凡在二级投篮区的圆圈中投中者，其所属队全体向前走两步；凡在三级投篮区的圆圈中投中者，其所属队全体向前走三步；若在该投篮区的圆圈内投篮不中，则全体原地不动。②每次前进或后退的步长以正常的一步计算，不得有意加长或缩短，否则无论投篮队员投中与否都必须返回原起点处；③投篮队员投篮时违例投中无效；④投篮队员投篮可以在圆圈周围做正常的运球一步后投篮，否则全队停做一次。

(5)练习建议：①可根据队员的水平增加或减少投篮区、点的设置；②每队以5~6人为宜，如果参加的人数多可多分几个队采用多种方法进行比赛；③以某队已到达另端线后再折回原起点处为全队进、退距离，也可另作规定；④增设诸如"停做""加做"一类的规定。

（十一）策应投篮比赛

（1）练习目的：提高学生配合投篮的成功率和配合意识。

（2）场地器材：篮球场一个，篮球两个。

（3）练习方法：把学生分为人数相等的甲、乙两队，每队又分为A、B两小组。两队的A组成纵队面向球篮站立于三分线外约2米处，其排头各手持一个球；两队的B组成纵队面向场内站立于端线与三秒区线交接点处。罚球线的两端点为策应点。游戏开始，B首先起动跑至策应点（罚球线外）接A的策应传球，并把球回传给A投篮，自己跑至A队队尾，A接B的球投篮后，不管投中与否，立即冲抢篮板球并把球传给A组第二人，自己跑回B队队尾；A组第二人以同样的方法进行……以后全队每人依次以同样方法进行，直到每人轮一次后计算各队策应投中次数，投中次数多的队为胜。然后双方左、右互换场地，进行第二局比赛。三局两胜的队为胜。

（4）练习规则：①策应队员必须双脚落于罚球线外进行策应，否则该决策应投中无效；②投篮队员接策应球投篮的投篮点不得超越策应队员的策应点，否则投中无效；③投篮或策应队员走步则投中无效；④策应传、接球失误，必须由失误者把球捡回后重做一次。

（5）练习建议：①可改为在计算规定时间内投中次数，投中次数多的队为胜；②可改为计算连中次数，先达规定连中次数的队为胜；③可规定或不规定投篮方式；④可四个队在两个半场同时进行比赛，以计分定胜负。

（十二）策应投篮"升级"

（1）练习目的：提高学生配合投篮的成功率和配合意识。

（2）场地器材：篮球场半个，篮球两个。

（3）练习方法：以球篮中心到地面的投影点为圆心，以该圆心到罚球线的距离为半径画一弧线，该弧线与场上的三分线共同组成投篮区，在此区与球篮分别成0°、45°、60°的位置上各划三个左右对称的圆圈（直径约为50厘米），分别为比赛双方的投篮点。把队员分为人数相等的甲、乙两队，两队各指定一个固定策应队员分别站在罚球线的两端点，两队的其余队员成纵队排列于半场中线与边线交接处，排头手持一个球。听到游戏开始的信号发出后，两队排头队员首先把球传给固定策应队员，然后快跑至0°角的投篮点接球投篮，无论投中与否都立即冲抢篮板球，并把球传给本队第二人，如此全队依次进行，在一个投篮点的投篮达到规定的投中次数后即换下一个投篮点，直到三个投篮点全部投完，以先完成的队为胜。

（4）练习规则：①必须依次按三个投篮点逐级投篮，不得越级；②投篮队员接球必须立即投篮，不得运球，否则投中无效；③投篮时出现违例则投中无效，并令其重做一次；④传、接球失误，必须由失误队员把球捡回重做。

（5）练习建议：①可规定或不规定投篮方式；②可规定或不规定投中次数或连中次数；③可增加或减少投篮点、增长或缩短投篮距离；④可四个队在两个半场同时进行比赛，以计分定胜负。

（十三）传球推进上篮比赛

（1）练习目的：提高学生移动中传接球上篮技术和上篮命中率。

（2）场地器材：篮球场一个，篮球两个。

（3）练习方法：把学生分为人数相等的两队，每队又分为两人一组的若干组，分别成两路纵队站立于球场两端线后面向场内，排头各持一球。游戏开始，两队排头快速起动向前场传球推进上篮。命中后依原路线推进返回，在罚球线的延长线以下的位置把球传给下一组同伴。以下各组依次进行，直到全队各组全部进行一次；以速度快的队为胜。

（4）练习规则：①每次推进上篮都必须命中，如未投中则要补中后方能返回；②两人传球次数不限，但上篮时走步则命中无效；③返回时必须进入罚球线以下的地方才能把球传给下一组同学，否则返回中线后重做。

（5）练习建议：①可改为计算规定时间内上篮命中次数的多少，命中次数多的队为胜；②可改为返回时不得传球给下一组同伴，而必须手递手交球给下一组同伴；③可规定以下上篮方式：单手高手上篮；单手低手上篮；双手低手上篮等。

（十四）快速推进跳投（一）

（1）练习目的：提高学生快速移动中接球急停跳投技术和命中率。

（2）场地器材：篮球场一个，篮球两个。

（3）练习方法：把学生分为人数相等的两队，每队又分为两人一组的若干组，各成两路纵队面向场内站立于同一端线后，排头一组各持一球。游戏开始，排头一组起动后快速向前场推进至三秒区线外，推进时位于外侧的队员接最后一次传球后做急停跳投，若此球未投中则冲抢篮板球并把球传给位于三秒区外的同伴做跳投，直到两人中有一人跳投命中后，两人再推进返回，在原出发点的篮下再做跳投，命中后把球传给下一组的同伴。以下各组以同样的方法依次进行，直到全队每组都轮完一次，以先轮完的队为胜。

（4）练习规则：①必须是位于外侧的队员跳投，否则投中无效；②必须在三秒区外起跳出手，否则投中无效；③必须跳投命中才能返回，否则罚其重做一次；④跳投不中时必须把球传出三秒区外的同伴投篮，不得在篮下直接补篮，否则补中无效。

（5）练习建议：①可规定或不规定投篮方式，或可加长或缩短投篮距离；②可改为在规定时间计算双方全队累加命中次数，命中次数多的队为胜。

（十五）快速推进跳投（二）

（1）练习目的：提高学生在快速移动中急停跳投的准确性和投篮时的心理稳定性。

（2）场地器材：篮球场一个，篮球两个。

（3）练习方法：以球篮中心垂线与地面的交接点为圆心，以此圆心到罚球线的距离为半径画一弧线，把球场的半场划分为三个投篮区：

1）弧线以内、三秒区线以外为第一投篮区，在此区跳投命中得一分。

2）弧线以外、三分线以内为第二投篮区，在此区跳投命中得两分。

3）三分线以外为第三投篮区，在此区跳投命中得三分。

队员安排同"快速推进跳投（一）"。游戏开始的信号发出后，两队第一组立即起动传球推进到任意一区做急停跳投,不管投中与否均抢篮板球后传球返回原出发的半场再进行同样的跳投,也不管投中与否,抢篮板球后把球交本队下一组同伴按同样方法进行,直到全队各组都轮完一次后,计算双方各组跳投的累积分,积分高的队为胜。

(4)练习规则:①必须跳投,否则命中无效;②如果跳投时脚踩各投篮区的线,若命中则只计算下一投篮区的分值;③如跳投命中则按所在区给予相应得分,若球未投中则不计分。

(5)练习建议:此游戏可改为"投篮升级"式的对抗,即各投篮区不设分值,各队在某一投篮区内必须跳投命中若干个,从第一投篮区起逐级进行,完成规定的命中次数才能"升"到另一个投篮区再投,直到三个投篮区投完为止,先投完的队为胜。

(十六)综合运球上篮

(1)练习目的:发展学生的投篮与其他技术快速结合运用能力。

(2)场地器材:篮球场一块,篮球两个,标志物两个。

(3)练习方法:A、B两人为固定传球人,其中A站立于球场三分线外约一步远的位置上,B站立于另一半场的罚球线延长线的边线外。

把学生分为人数相等的甲、乙两队,首先由甲队进行比赛,该队面向B所在的半场的球篮成纵队站立于中线后,排头手持一球;未上场的乙队则成横队站立于与A同一半场的边线外;再把两个标志物分别放在该半场的三分线两端、与球篮约成60°的地方。游戏开始信号发出后,甲队排头队员立即起动,快速运球至三分线的标志物前做一次运球后转身后上篮,不论投中与否,立即冲抢篮板球并把球传给B,然后接B的回传球传A,再接A的回传球上篮;也不论投中与否,把抢到的篮板球长传给在中线的本队第二人,第二人接球后以同样方法进行……直至全队每人轮一次,计算该队第一回合投中次数;然后换乙队上场进行同样方式的投篮。最后计算双方命中次数,命中次数多的队为胜。

(4)练习规则:①每次投篮必须是"上篮",否则该队员在最后将重做一次；②传、运球失误必须把球捡回在失误地点继续进行，否则所做无效。

（5）练习建议：标志点的位置可改变，以此改变移动路线增减游戏的难度。

（十七）半场运球左右手上篮

（1）练习目的：提高学生快速移动中左、右手上篮技术的准确性。

（2）场地器材：篮球场一个，标志物四个。

（3）练习方法：把学生分为人数相等的两队，每队排头各持一个篮球，全队成纵队面向各自球篮，站立于球场中线后靠右侧边线处。游戏开始的信号发出，排头第一名队员立即用右手运球起动，运至篮下用右手上篮，投中后抢篮板球用左手沿左侧边线运球至中线，有一脚踩中线后，用左手再沿左侧边线运至篮下用左手上篮，投中后抢篮板球用右手运球返回原起点，把球交本队第二人按同样方法进行。直至全队每人做一次，以先完成的队为胜。

（4）练习规则：①运球上篮必须投中，如未投中也要补中，否则该队员要重做一次；②补篮时若用左手上篮不中则用左手补中，若是右手则要用右手补中；③返回原起点时必须用手递手把球交下一人。

（5）练习建议：可根据学生情况：①增加一些已学过的运球突破技术动作（例如，体前换手变向运球、运球后转身、背后运球等）以提高游戏难度；②修改规则（例如，不一定要求"左手上篮不中必须要用左手补中"等）；③可规定或不规定具体的上篮方式。

（十八）对抗投篮

（1）练习目的：提高学生在对抗情况下投篮的稳定性和命中率。

（2）场地器材：篮球场一个，篮球四个。

（3）练习方法：把学生分为人数相等的甲、乙两队，各成横队站立于球场两侧边线上。首先由甲队作为投篮队，乙队为防守队。游戏开始，双方各四人上场，甲队四人持球，乙队四人防守，成四对一打一的组分散在两个半场内，分别各占每个半场的1/2区域。发出开始信号后，甲队员立即在乙的防守下在三分线外投篮出手，出手后马上去抢篮板球传给乙，乙接球后在甲未来得及返回防守前也在三分线外投篮出手，而甲把球传乙后则马上防守对方，乙投篮后再去抢篮板球传甲。如此反复进行，直到每人投篮出手十次，计算双方命中次数，命中次数多者胜出，其所在队得一分；然后换另外四人进行同样的对抗，直到全队轮完，积分高的队为胜。

（4）练习规则：①投篮队员投篮后必须以最快速度去抢篮板球立即传出并防守，否则扣除其一次命中次数；②两人的投篮区域只能在三分线后、半场的1/2区域内，否则投中无效；③当投篮队员受到对方防守威胁时，允许运用运球一步或持球突破等技术避开防守进行投篮，但不得进入三分线内或踩三分线，否则投中无效。

（5）练习建议：①可根据学生情况规定或不规定投篮方式；②可确定或不确定或增减投篮距离和角度。

（十九）连续传切上篮

（1）练习目的：磨炼学生投篮的基本功，提高投篮与其他技术战术结合运用能力。

（2）场地器材：篮球场一个，篮球两个。

（3）练习方法：以两球篮的假想连线为中心把球场划分为左、右两侧，每侧的后场罚球线一端和前场罚球线的延长线与该连线处各站立一名队A和B为固定传球人。把学生分为人数相等的两队，各成纵队面向场内站立于各自后场端线后方，各队排头各持一球。游戏开始，两队从排头开始按顺序进行以下传切上篮：从端线后原地把球传给A，起动接A的回传球，后接B的回传球上篮，不中要补中。如此反复进行，直到全队每人做一次，以速度快的队为胜。

（4）练习规则：①上篮队员必须在一去一回中分别用左右两手上篮，否则命中无效；②上篮队员必须用与上篮相同的一只手进行补篮；③跑动中传、接球走步，该队员必须返回原处重做，上篮时走步命中无效；④必须用手递手交球的方式把球交给下一名同伴，否则该队员必须重做一次。

（5）练习建议：①此游戏可改为在规定时间内或在规定人数内投中次数多的队为胜；②可改为迎面传切接力比赛的方式进行。

（二十）篮下顶、抱、投

（1）练习目的：提高学生篮下连续抢球、投篮能力。

（2）场地器材：篮球场一块，篮球一个。

（3）练习方法：把学生分为人数相等的三队，分别成横排面向球篮站立于球场内的三个方向的位置上。游戏开始，教师手持一球站立在罚球线上，每队各出一人面向教师站立，教师把球掷向篮板后，三人同时去抢篮板球，谁抢到谁投篮，另两个未抢到球的队员则马上变为防守，用二防一的方法不让抢到球的队员投篮；抢到球的队员设法投篮后，三人又再次抢篮板球，谁抢到谁投篮，另两人又作防守……如此反复进行，直至规定时间到，按规定时间内投中次数多少决定三人名次。第一名得三分，第二名得二分，第三名得一分；然后换各队下一名队员上场进行同样的顶、抢、投；直到全队每人进行一次后，计算各队积分，积分高的队为胜。

（4）练习规则：①两防守队员必须按篮球比赛规则进行防守，否则算对方直接命中一球；②投篮队员投篮时走步、两次运球或带球撞人时，命中无效，并把球交教师重新掷向篮板再抢球；③顶、抢、投的范围不得远离篮下三秒区，否则由教师重新掷球碰板。

（5）练习建议：此游戏可改为两人进行篮下对抗，以降低游戏难度。

四、运球与持球突破游戏

（一）运球突破对抗

（1）练习目的：使学生在对抗中掌握各种运球突破技术的运用要点。

（2）场地器材：篮球场一个，两人一个篮球。

（3）练习方法：把学生分为人数相等的甲、乙两队，各成纵队面向场内站立于球场同一端线后方的三秒区线与端线交接处，教师站于两人中间。

比赛开始，甲1、乙1脚踩端线做好准备，教师接过此两人的球后，或高抛或地滚或放在原处，两人在球离教师的手的瞬间立即起动抢球，抢到球者为进攻队员，未抢到球者为防守队员。进攻队员运用各种运球动作快速超越对方运向前场篮下并上篮，防守队员则迅速面向对手进行防守；若进攻队员运球突破对手后上篮命中即为成功，判其得一分；若防守队员堵住对方的运球或把对方的球打出界外，或造成对方违例、失误，或对方投篮不中，则都算防守成功，判其得一分；然后双方第二人进行同样的对抗；最后以累积分高的队为胜。

（3）练习规则：①只能在球场范围内攻、防，谁出界谁失分；②按篮球规则执行，谁违反谁失分。

（二）运球占圈

（1）练习目的：提高学生运球中突然快速起动和抢占位置的速度。

（2）场地器材：篮球场一个，每人一个篮球。

（3）练习方法：在球场中圈周围（围绕中圈）画若干个直径为1米的小圆圈，其数目应比参加游戏人数少一个，每个圆圈内按1、2、3的顺序写上相应数字。全体学生分别各占一个小圆圈，剩余一人则站在中圈内。所有学生在各自圆圈内（包括中圈的人）做原地运球。游戏开始，位于中圈的学生在1~3的数字内任意喊一个数字（例如"2"），则所有在该数字圈（例如在"2"圈内的队员）内运球的队员马上运球起动离开该圈，迅速占据其他已离人的同样数字的圆圈，中圈的人也同样去抢占一个圆圈，最后未抢到圆圈的人则在中圈进行同样游戏，直至规定时间到结束游戏。

（4）练习规则：①运球始终不能停下来，否则视为未抢到圆圈；②不得带球跑、两次运球，否则视作未抢到圆圈；③只有喊出数字的相应圆圈内的队员才能起动去抢，起动错了视作未抢到处理。

（5）练习建议：①如参加人数多可多分成人数相等的几队，改为分队对抗或同场对抗；②每次间隔不宜过长，连续、紧凑能使游戏难度提高；③写在各圈内的数字可根据学生情况变换。

（三）曲线运球比赛

（1）练习目的：提高学生运球时手脚协调配合能力。

（2）场地器材：篮球场一个，两人一个篮球。

（3）练习方法：全体学生在球场中间站成一个圆圈，从排头开始1~2报数后分为两队。游戏开始，报2数的队员原地不动，报1数的队员持球并沿着由2数队员组成的圆圈外侧按逆（或顺）时针方向运球一周，看谁最先运球返回自己的原来位置。然后，由报2数的队员绕1数队员组成的圆圈按同样方法运球一周，看谁运得快。

（4）练习规则：①必须按规定方向沿圆圈运球前进，否则为犯规；②后面队员若要超越前面时，必须从外侧超越，否则犯规；③不准拉人、推人，球在何处丢失应在何处捡起继续运球；④凡被判犯规者罚其暂时退出游戏，待下一轮开始时再重新加入游戏。

（5）练习建议：为了减少学生同时进行此游戏，可让学生1~4报数或1~3报数，被叫到号的学生开始运球。

（四）绕三圈追逐

（1）练习目的：提高学生曲线运球变向能力，扩大运球时的视野。

（2）场地器材：篮球场一个，篮球两个。

（3）练习方法：把学生分为人数相等的甲、乙两队，各成横排、面向场内，分别站立于球场两边线外。游戏开始，两队第一名队员（甲1、乙1）各持一球进入场内，分别站立于两跳球圈的虚线上。教师发出"开始"的信号后，两人迅速运球起动绕场上三个圆圈相互追逐，在规定时间内追上对方者，得一分；若在规定时间内双方都未追上对方，均不得分；无论追上与否，规定时间到后双方换人继续同样比赛；直到全队每个队员都进行一次后，计算双方积分，积分高的队为胜。

（4）练习规则：①双方追逐时均不得踩三个圆圈的线，更不能进入圆圈内，否则判对方得一分；②双方必须按同一方向（顺时针或逆时针）、绕三个圆圈成两个"8"字形运球快跑，否则判对方直接得一分；③后面队员轻拍前面队员为"追上",前面队员不得故意离开圆圈以躲避对方队员的追拍,否则判对方得分。

(五)原地持球突破投篮

(1)练习目的:提高学生的持球突破能力和意识。

(2)场地器材:篮球场一个,篮球两个,标志物两个。

(3)练习方法:在球场的两个半场的罚球线右侧约与球篮成45°的地方各放一个标志物,在标志物前约2米处画一条横线。把学生分为人数相等的两队,各成一路纵队站立于各自半场的横线后面向标志物,排头队员各持一球做好准备。比赛开始,各队排头持球突破上篮,此球必须投中,若不中要补中,投中或补中后即冲抢篮板球并迅速把球传给本队第二人,自己回到排尾。第二人按同样方法进行,直到全队每人完成一次,以先完成的队为胜。

第二回合的方法同第一回合,只是把标志物放在左边,要求队员从左侧用左手突破。若两个回合分不出胜负,则进行第三回合,方法同前,但标志物放在罚球圈顶,可允许队员自选持球突破方式。三个回合中胜两场的队为胜。

(4)练习规则:①只能用原地持球突破动作,若用其他动作(例如接球跳步急停突破)即为犯规;②突破时不得碰倒标志物,否则为犯规;③两队员互换时只有接到球才能起动,否则为犯规;④其余规定按篮球规则有关规定处理;⑤凡犯规或违例,该队员必须在最后重做一次。

(六)连续突破

(1)练习目的:提高学生在跑动中连续跳步突破的动作质量。

(2)场地器材:篮球场一个,篮球两个,标志物四个。

(3)练习方法:把四个标志物分别放在球场三分线上分别与球篮成60°的两端。把学生分为人数相等的两队,各成纵队面向场内站立于两端线外,排头队员手持一球做好准备,每队分别指定"A""B"两人为固定传球人。

游戏开始，各队从排头队员起依次进行：在端线原地传球给"A"后起动跑至第一个标志物前接"A"的回传球做跳步急停突破并立即传球给"B"，向第二个标志物跑去，接"B"的回传球再次做跳步突破并上篮，投中（若投不中则要补中）后，依原路线作直线运球返回，并在运球至前场罚球线的延长线以下的地方把球传给本队第二人。以后按同样方法继续进行直到全队每人完成一次，以速度快的队为胜。

（4）练习规则：①必须在规定地点、以规定动作进行突破，否则判为犯规；②每次投篮必须投中才能继续下一动作，否则判为犯规；③突破中不得出现走步、两次运球等违例；④凡犯规或违例者，必须在该队的最后重做一次；⑤返回时只能在罚球线的延长线以下区域（靠原起点端线方向），把球传给本队下一个同伴，否则该队员必须返回中线后重做最后的交接动作。

（5）练习建议：①可改为在规定时间内投中次数多的队为胜的方法；②可改为接球后（前）转身突破上篮的动作方式进行比赛。

（七）半场一打一（一）

（1）练习目的：使学生在对抗中熟练突破技术，体会如何把握突破时机。

（2）场地器材：篮球场一个，篮球两个。

（3）练习方法：把学生分为人数相等的甲、乙两队，各成横队面向场内，站立于半场的两侧边线外。首先指定由甲队进攻，乙队防守。比赛开始，双方各出一人，乙1手持一球并把球传给甲1，然后跑向罚球线中点处背向球篮接甲1的回传球，甲1传球给乙1后立即起动跑至乙1面前，接乙1的回传球再做持球突破上篮。乙1即变成防守队员防住甲1的突破，直到甲1或投篮命中，或突破上篮成功，或球被乙1打出界外，或违例，或甲1投篮未中等，结束一个回合。若甲1成功则甲队得一分；反之则乙队得一分；然后把球交双方第二人并互换攻守进行同样的对抗，最后全队每人都做完一次后，累计双方得分，得分高的队为胜。

（4）练习规则：①进攻成功的标志是：进攻队员投中或突破上篮投中

或抢篮板球后补中；②防守成功的标志是：防守队员把对方的球打出界外，或封盖住对方的投篮，或对方违例、犯规，或投篮未中，或未补中；③其余规则按篮球比赛规则执行。

（八）半场一打一（二）

（1）练习目的：使学生在对抗中熟练各种突破的运用方法与要求。

（2）场地器材：篮球场一个，篮球两个。

（3）练习方法：把学生分为人数相等的甲、乙两队，两队各出一人进行攻守对抗：甲1为进攻，乙1为防守；甲1把球交给位于中线附近的教师后，利用快速步法移动摆脱防守队员乙1的防守，接教师传出的球，然后面向对手并突破对手上篮；防守队员则努力防止对方突破得分。若进攻成功则进攻队得一分，反之则防守队得一分；然后双方换另一名队员进行同样的对抗，直到两队每人都轮一次后，再双方互换攻防。最后计算双方得分，得分高的队为胜。

（4）练习规则：①每队每人都要进行一次攻、防再计算积分；②若最后双方积分相同，则双方各派一名队员进行一次攻守后定胜负；③其余规则同"半场一打一（一）"。

（九）突破放球

（1）练习目的：提高学生的持球突破能力，掌握持球突破与其他技战术结合运用能力。

（2）场地器材：篮球场一个，篮球一个。

（3）练习方法：把学生分为人数相等的甲、乙两队。以整个球场为范围，把两个半场的三分线后的地区划为"限制区"，把两个三秒区均划为"禁区"，跳球区靠虚线的半圆为"放球区"。游戏开始，双方各出一名队员在中圈跳球，抢到球的一方为进攻方，未抢到球一方为防守方；防守队员可在自己的半场的三分线外以一对一的方式防止对方进入放球区内放球，进攻队员则运用各种突破动作以及突分等配合，突破对方防守，把球放到对方跳球圈内，进攻队得一分；然后由失分队掷界外球再进行同样比赛，直到规定时间到，得分高的一队为胜。

（4）练习规则：①防守队员不得进入三分线后的限制区内进行防守，否则算对方直接得一分；②进攻队员只能用突破技术运球或接球进入放球区，抱球进入得分无效；③进攻队员只能从放球区的正面、侧面进入放球区放球，不得经三秒区进入，否则放球无效；④双方均不得推、拉、顶、撞对方，进攻者违例，由对方掷球继续比赛；进攻者违例，算对方直接得一分；⑤其余的规定按篮球比赛规则执行。

（5）练习建议：①进行此游戏的各队人数不宜太多，每队约5~7人为宜；②如参加游戏的人数多，可多分几支队，采用淘汰或擂台赛的方式。

（十）左、右突破上篮

（1）练习目的：改进学生的跳步突破技术，熟练掌握两脚都能做中枢脚、左右两边都能突破的方法。

（2）场地器材：篮球场一个，篮球两个，标志物四个。

（3）练习方法：在每半场的三分线左、右两端并与球篮成45°处各放一个标志物A、B，在每个半场的中线与边线交接处，以该点为圆心、50厘米为半径，各划一个半弧形C、D，分别为出发区和折回区。把学生分为人数相等的两队，各用半场，成横排面向场内，分别站立于两半场靠C区的边线外，排头队员手持一球站于C区内，两队各选甲、乙两名固定传球队员分别站立于罚球线的延长线与边线交接点的边线外，其余队员做好准备。当游戏开始的信号发出后，双方排头队员在C区内迅速把球传给固定传球人甲，然后快速向标志物A跑去，并在跑动中接甲的回传球做从右侧的跳步急停突破上篮，命中后把篮板球传给固定传球人乙，再在跑动中接乙的回传球做从右侧的跳步急停突破，把球运向D折回区，有一脚踩折回区线后转身，再次把球传乙，再接乙的回传球在B标志物前做从左侧的跳步急停突破上篮，投中后再把球传给固定传球人甲，再接甲的回传球在A标志物前做从左侧的跳步停突破，并把球传给在C区内接应的本队第二名队员。以后每个队员按同样路线、方法往返进行，直至全队每人都轮完一次为止。先轮完的队为胜。

（4）练习规则：①从右侧突破右手上篮，从左侧突破左手上篮，否则命中无效；②每次上篮都必须投中，投不中要补中才能继续进行，否则重做一次；③突破或上篮时出现违例，该次突破无效，由违例人在最后重做一次；④运球失误，必须从失误处重新进行，否则该次无效，判其最后重做一次。

（5）练习建议：①可根据学生情况，规定或不规定中枢脚或突破方式；②可允许固定传球人甲、乙根据来球需要，可在规定传球点前后移动传接球。

（十一）连续突分

（1）练习目的：使学生在快速移动中提高运球、突破技术的结合运用能力。

（2）场地器材：篮球场一个，篮球两个，标志物四个。

（3）练习方法：在球场罚球线延长线的左右两侧各放一个标志物；在每个标志物所在的罚球圈内各设一固定传球人A、B；把学生分为人数相等的两队每队又分为甲、乙两个小组，各成纵队站立于球场两端端线后，两队的甲组排头各手持一个篮球。

发出游戏开始的信号后，从两队排头队员起依次完成以下运、突、传、投的组合动作：在原地传球给A——然后向第一个标志物跑去——在该标志物前接A的回传球——做急停后转身突破——把球传给B——向第二个标志物跑去——在第二标志物前接B的回传球——跳步急停突破上篮——投中（或补中）后——到乙队队尾——乙队第一个同伴去抢篮板球把球传给B再传给A，以同样方法和路线返回。再由第二名队员继续，以后顺次是：甲2、乙2、甲3、乙3。直至全队每人完成一次，先轮完的队为胜。

（4）练习规则：①必须规范完成在每个标志物前的突破和运球突破动作，否则返回该标志物前重做一次；②每个人必须做一次"上篮"而不能是其他投篮动作，否则从中场起重做一次；③传接球或运球失误，允许把球捡回后在失误地点继续，否则从头再做；④不得绕过标志物，否则返回重做一次。

（5）练习建议：①可根据学生情况，规定或不规定具体运球和突破方式；②可根据学生情况，增大或缩短两标志物间的距离，增加或减少所用标志数。

（十二）全场突分上篮

（1）练习目的：帮助学生熟练在快速移动中运用突破与其他技术衔接的方法和能力。

（2）场地器材：篮球场一个，篮球两个。

（3）练习方法：把学生分为人数相等的甲、乙两队，每队又以两人一组分为若干组。首先由甲队进行比赛，乙队成横排站立于端线后；甲队的两人一组成两路纵队，分别站立于罚球线的延长线所在的边线处，其中甲1手持一个球准备起动。

游戏开始，从甲1起依次进行以下运球和突破：用左手绕跳球圈的虚线外运球——至篮下位置时——把球传给位于边线外甲2——甲2上前一步进入场内接甲1的来球——再把球传给绕过罚球圈线和中圈线向前快下的甲1——甲1在跑动中接球急停——后转身向前场右侧篮下突破——把球分给沿边线快下接应的同伴甲2上篮——投中得一分，投不中但补中得0.5分——抢篮板球并把球从地下滚回原出发点给本队第二组的同伴，进行同样方式和路线的比赛。直至全队每组都完成一次后，换乙队进行同样的比赛。两队各进行一次完毕后，计算双方积分，积分多的队为胜。

（4）练习规则：①必须用规定的方法和要求进行突破和传球；②凡出现两次运球、带球走等违例或其他失误，都必须从违例失误处重新进行；③每次只有投中或补中篮才能把球滚回本队由下一组继续，否则该组重新进行。

（5）练习建议：此种类型的对抗性游戏对队员的技术水平要求较高，可根据队员情况提高或降低各环节的要求。

五、身体素质游戏

篮球运动的综合性、对抗性特点，决定了篮球比赛实际上是比赛双方以同等数量的队员，在规定的同等条件（如场地、器材、规则）限制下进行的思想作风、技术、战术、身体素质和心理素质的对抗和较量。随着现代篮球比赛逐步由"平面篮球"向"立体篮球"的转化，这种对抗和较量越来越激烈，并越来越集中地表现为球队和队员的身体素质和技术熟练程度的对抗；如果说篮球技术是篮球运动的基础，是队员进行篮球比赛的必备条件，那么，良好的身体素质则是队员掌握和运用技术战术的物质基础，是比赛中争夺时空优势的重要条件。队员的身体素质好，他就能在极其复杂和困难的情况下，快速、准确、熟练、协调、稳定地完成各种技术动作，进而有效地争得比赛的主动权。现代篮球的激烈对抗主要是球队和队员身体素质与技术熟练程度的对抗，良好的身体素质和扎实的篮球基本功是球队和队员实力强弱的重要标志。

把一般身体训练与专项身体训练有机结合起来，把篮球专项技术动作及其特点和要求紧密结合起来，把身体素质训练与思想作风训练和篮球意识培养紧密结合起来，是篮球运动教学、训练的重要原则之一。通过游戏的方式把上述几个"结合"有机地联系起来，把篮球教学、训练原则落到实处，全面有效地发展和提高身体素质，是提高篮球教学行之有效的重要手段。

（一）蛙跳接力比赛

（1）练习目的：增强学生的下肢暴发性力量，提高全身协调用力能力。

（2）场地器材：篮球场一个，标志物两个。

（3）练习方法：在球场中线靠近中圈处的左右两侧各放一个标志物，把学生分为人数相等的两队，各于端线后、面向场内成纵队站立。游戏开始的信号发出后，两队排头迅速用蛙跳动作跳向并绕过标志物返回，用手击本队第二人的手。以后队员依次以同样方法进行直至全队每人轮做一次，先轮完的队为胜。

（4）练习规则：①蛙跳动作必须规范，否则判其犯规；②必须绕过标志物才能返回，必须经过击掌下一人才能起动，否则判其犯规；③所有被判犯规者，必须重新做一次。

（5）练习建议：①可根据学生的实际情况增长或缩短蛙跳距离；②可根据学生人数增加或减少比赛队数；③可根据学生情况，改摆臂式蛙跳为把双手背在背后的蛙跳；④可改为单足跳。

（二）跳"山羊"

（1）练习目的：增强学生的灵巧性和弹跳力。

（2）场地器材：篮球场一个或平整的空地一块。

（3）练习方法：把学生分为人数相等的两队，各成纵队站立于球场端线外。各队第一人进入场内成以下姿势：两脚开立，弓背弯腰低头，两手扶膝站稳。游戏开始，两队第二人双手按住第一人背上做分腿腾越，然后向前跨一步做与第一人同样的姿势，第三人用分腿腾越跳过第一人，再跳过第二人，再做与第一第二人同样的姿势。全队按同样方法依次进行，直到该队队尾跳过另一端端线为止，先跳过的队伍为胜。

（4）练习规则：①鸣哨开始，不得抢先，否则判其犯规；②各"山羊"之间的距离不得超过1米，否则判其犯规；③必须依顺序跳，不得绕过，否则判其犯规；④凡被判犯规的队为负，处理后游戏重新开始。

（5）练习建议：①可分几队同时进行比赛；②可按队员高矮进行分队，以尽量保持各队同等条件；③"山羊"间的距离可根据学生实际情况而定。

（三）脚抛手接球

（1）练习目的：增强学生的协调性，提高腰背肌力量和下肢力量。

（2）场地器材：篮球场一块，小实心球三个。

（3）练习方法：在球场三个圆圈内各放一个小实心球，把学生分为人数相等的三队，各成一列横队面向圆圈站在三个圆圈外。游戏开始，各队排头学生进入圆圈内，用双脚夹住实心球向后上方抛起，同时迅速转身用手接住球；接住球为成功，否则为失败；成功则继续做，失败则换本队第二人接着做；直至全队每人做完一次，最后以全队累计成功次数多的队为胜。

（4）练习规则：①必须用规定方法抛球，否则其所抛起次数无效；②可改为双脚夹球向上方抛，然后用手接住球；③可改为一人在圆圈内用手接球，其余队员在圆圈外约3米处用脚抛球的方法；④可改为一人用脚抛球，其余队员按顺序接球的方法。

（四）迎面脚抛手接球

（1）练习目的：增强学生的协调能力，提高腰腹肌和下肢力量。

（2）场地器材：篮球场一个，小实心球若干个。

（3）练习方法：在球场上画两条相距约3米的平行线，把学生分为人数相等的两队；可根据实心球数量多少选取下列不同方法。

1）在两人有一个实心球的情况下：两队各成一列横队站在两条平行线后相向而立，以相对的两人为一组。游戏开始，各组先由一人用双脚夹住实心球并跳起把球抛向对面的同伴，对面的同伴用手接住球后，再以同样的方法向回夹抛球；照此连续往返直到规定时间到，以抛球接成功次数多的组为胜。

2）在三四人有一个实心球的情况下：把每队又分为四人一组的若干组（即四人一个实心球），每组以两人（分别为A1、A2、B1、B2）为一纵队站立于两条平行线后。游戏开始，各组先由A1用脚夹抛球给对面的B1，自己到本组A2身后站立；接球的B1用双手接球后以同样的方式把球抛回给A2回到本组B2身后站立，A2再以同样的方式把球抛给B2，如此反复进行，直到规定时间到，以抛球成功次数多的为胜。

3）在全队只有两个实心球的情况下：把两队又分为A、B两组，两队并排站立于两条平行线后，两组成纵队相对站立，用上述的方法进行。

4）全队只有一个实心球：两队先后一次进行，方法同上。

（4）规则：①只有在线外把球抛至另一平行线外才算成功；②如果球落在两线之间，该次算失败，并要把球取回再继续进行。

（5）建议：①可让学生试做一两次后再正式开始；②可改为双脚向后抛球的方式进行。

（五）夺球

（1）练习目的：增强学生的手指和手臂力量。

（2）场地器材：篮球场一个或平整的空地一块，两人一个篮球。

（3）练习方法：把学生分为人数相等的两队，各成横排面对面站立，相对二人成一对，两臂伸直共持一球。游戏开始，两人用力把球夺过来，夺得一次得一分，比赛若干次后计算各队积分，积分多的队为胜。

（4）练习规则：①持球时，两手只能握住球的两侧，不能手指相连将球抱住；②夺球时只准直臂用力，不得扭转；③违反上述规定即为犯规，判对方得分。

（六）推小车

（1）练习目的：增强学生的腰部和上肢力量。

（2）场地器材：篮球场一个。

（3）练习方法：把学生分为两人一组，前后站立于球场一侧边线后；后面的乙抬起前面甲的双脚，前面的甲用两手撑地，两脚被乙抬起成俯卧状，两手压在边线上。游戏开始，各组同时起动，甲以手代步，交替移动两手向前；乙抬住甲的双脚向前同步行走，各"小车"到达对侧边线后，两人相互交换角色后再推"小车"返回原起点线，先到的组为胜。

（4）练习规则：①推车人要配合"车"的动作，不得用力前推或后拉；②若在中途"翻车"，必须在原地接好后才能继续前进；③必须是"车"的一手触及折回线或原起点边线才算成功。

（5）练习建议：①可根据学生情况增长或缩短推小车的距离和折回次数；②可改为推小车接力比赛的形式；③重视安全教育，以免发生伤害事故。

（七）跳栏接力

（1）练习目的：提高学生连续弹跳能力。

（2）场地器材：篮球场一个，栏架十个。

（3）练习方法：把十个栏架排成两路纵队，每纵队各五个，两纵队间隔约5米，每个栏架间相距约1米，栏架高度放至最低一格。把学生分为人数相等的两队，纵队站立于第一个栏架前。游戏开始，两队排头队员首先用双脚连续跳过五个栏架，然后从栏架旁快跑返回本队，击第二人的手，第二人迅速起动，以同样方法进行，直至全队每人完成一次，以速度快的队为胜。

（4）练习规则：①必须用双脚跳过栏架，不得用单脚跨过栏架，否则犯规；②不得用任何不正当方法推倒栏架，否则犯规；③未经前一人击掌不得起动，否则犯规；④凡犯规者必须从起点开始重做一次。

（5）练习建议：①可根据学生情况加高或降低栏架高度，增加或减少栏架数；②可改为每队十个栏架放置成两排，用跳去跳回的方法接力。

（八）穿梭立定跳远

（1）练习目的：提高学生的下肢力量和弹跳能力。

（2）场地器材：篮球场一个。

（3）练习方法：把学生分为人数相等的甲、乙两队，面对面成一横排站立于中圈两侧。游戏开始，甲队第一名队员首先站在中线上作立定跳远，然后乙队第一名队员在甲队第一名队员的落地处（落地最近点）做立定跳远。如果乙的立定跳远超过甲的距离算乙方得一分；反之，如果乙没有超过甲的距离，则算甲方得一分，然后双方的第二名队员出场进行同样比赛。最后以得分多的队为胜。

（4）练习规则：①落地点应以身体落地的最近点为准，不得前移或后推；②甲队队员必须脚踩中线做立定跳远，否则犯规；③凡被判犯规者所跳远度无效，并取消其资格。

（5）练习建议：①可改为从中线起做原地三级跳，方法同上；②可改为累加赛的方法，具体请参照下面"立定跳远累加赛"，以累加距离长的队为胜。

（九）立定跳远累加赛

（1）练习目的：增强学生的下肢力量和弹跳力。

（2）场地器材：篮球场一个。

（3）练习方法：把学生分为人数相等的甲、乙两队，分别成横排相对站立于球场边线外，两横排间相距约3米，两队排头分别站在靠端线的地方，另设两人为裁判员。游戏开始，两队排头脚踩端线向前场方向做立定跳远，裁判员在其落地点迅速作出记号，然后两人返回队尾；双方第二人上场，站在第一人的落点记号上做立定跳远，裁判员再做一个记号后两人各自返回本队队尾；然后第三人、第四人均以同样的方法做立定跳远，直到两队先后到达球场的前场端线时暂停游戏，计算双方到达端线时所用的队员人数，所用的队员人数少的队为胜。

（4）练习规则：①落地点的记号是以身体落地的最近点为准而作的，下一名队员必须站在此记号的后方做立定跳远，否则犯规；②两队队员均须依次逐一进行，每人只能跳一次，否则为犯规；③凡被判为犯规者，所跳的远度无效，并取消比赛资格。

（十）负重蛙跳接力

（1）练习目的：锻炼学生的腿部爆发力。

（2）场地器材：篮球场一个，两根轻杠铃，两件砂衣。

（3）练习方法：把学生分为人数相等的两队，各成纵队面向场内站立于球场同一端线后，两队排头队员肩负全部重物下蹲。游戏开始，两队排头负重物做多级蛙跳至中线，脚踩中线后放下全部重物跑步返回原出发点，击本队第二人的手后，自己回到本队队尾；第二人被击掌后迅速起动，快跑到中线，在中线上负好由第一人放下的全部重物，再以多级蛙跳返回本队，把器材交下一人继续进行，直至全队每人做一次，先完成的队为胜。

（4）练习规则：①蛙跳可半蹲，但必须两脚同时落地，否则判其犯规；②必须脚踩中线后方能放下全部重物返回，否则判其犯规；③在端线交接重物时必须在端线后进行，否则判其犯规；④凡犯规者必须返回出发点重新进行。

（5）练习建议：①可根据学生具体情况改为负重迎面接力，或往返负重接力；②在正式比赛前让学生先做一次不负重的蛙跳接力；③可提出或不提出蛙跳的具体方式要求。

（十一）跳马比赛

（1）练习目的：提高学生的弹跳能力。

（2）场地器材：篮球场一个，高度分别为70厘米、90厘米以及110厘米的跳马各两个。

（3）练习方法：把六个不同高度的跳马从低到高成两路纵队安放在球场上，每个跳马间的距离为1~1.1米；把学生分为人数相等的两队，各成纵队面向跳马站好。游戏开始，两队排头迅速下蹲双脚跳上跳马，再迅速跳下，跳完第三个跳马落地后，快跑回本队击第二人的手掌，该队第二人按同样的方法进行。以后全队依次而为，直至每人做完一次，先完成的队为胜。

（4）练习规则：①必须按规定用双脚跳上跳下，否则犯规；②不得直接从跳马背上越过，否则犯规；③凡犯规者所跳无效，必须在该队的最后重新再跳一次。

（5）练习建议：①如跳马数量不够，可改为跳板凳；②可改为用低长条板凳或低栏架等器材，直接从上越过；③可改为用单脚跳的方式。

（十二）闯"三关"

（1）练习目的：培养学生的灵敏性，提高判断能力。

（2）场地器材：篮球场一个，3米左右场的跳绳三根。

（3）练习方法：制定六人为摇绳人，每两人摇一条绳，分别站在球场的两罚球线和中线上，形成由三条跳绳组成的"三关"。其他人成一路纵队面向跳绳站立。游戏开始，摇绳人同时向同一方向摇绳，其他人按顺序依次从摇转在空中的绳子下穿过，连"闯三关"后到原出发点的对面，面向跳绳站好。"闯关"人如在中间被绳子碰到，或自己失误，由失误者替换一个摇绳人后，游戏继续进行。

（4）练习规则：①闯关时，中间可稍作停顿，等待时机，但摇绳两次以上仍不闯关者则算失误；②摇绳人摇绳要有节奏，不得忽快忽慢，否则算失误；③闯关人失误，令其替换摇绳人；摇绳人失误，判其暂停替换一次。

（5）练习建议：①可改为三条绳向不同方向或不同步摇动，增加游戏难度；②可改为两队（或多队）对抗，两人（或多人）同时闯关，以闯过关的人数多的队为胜；③可改为空跑与跳绳相间进行，中间不得停顿。

（十三）曲线跑动跳绳

（1）练习目的：提高学生跑动中连续跳跃的能力，发展下肢力量。

（2）场地器材：篮球场一个，2～3米长的跳绳六条。

（3）练习方法：把学生分为人数相等的两队，每队各选出六个人为摇绳人，每两人一条跳绳站在中线上，各队的三对摇绳人应尽量靠近，两队的其他队员成纵队分别站在同一端本队摇绳人的左侧。两队的第一、第三条绳向有跳绳人的方向做正摇绳，第二根绳则采用反摇绳。游戏开始，两队排头迅速上第一根绳，跳一次后跑向另一侧绕过摇绳人后上第二根绳，跳一次后跑出，再上第三根绳跳一次，然后跑出到另一端摇绳人的右侧；在第一人跳过第一根绳后，第二人就可起动跳第一根绳……如此曲线跑跳，直至全队每人做一次，以先完成的队为胜。

（4）练习规则：①必须在三根绳上各跳一次，不得空跑，否则犯规；②每根绳只准跳一个人，否则为犯规；③凡犯规者必须返回原起点重做一次。

（5）练习建议：①可改为一根绳同时跳两人，也允许空跑，以增加速度；②可改为从一端开始，曲线跑动往返一次，中间允许交叉进行跳动。

（十四）双摇跳绳接力

（1）练习目的：锻炼学生的连续弹跳能力、下肢力量和协调性。

（2）场地器材：篮球场一个，跳绳三条。

（3）练习方法：在球场上的三个圆圈（两个跳球圈、中圈）内各放一条跳绳，把学生分为人数相等的三队，各成横队面向场内站立于球场一侧边线外。游戏开始，各队排头队员首先起动，跑到圈内拿起跳绳做双摇跳（跳一下摇两次），其他队员数数，中断后马上放下跳绳跑回本队击第二人的手，第二人以同样方法进行，但要接着前面人的数字累计……直至全队每人做一次后，以累计双摇跳次数多的队为胜。

（4）练习规则：①必须用双摇跳方法，否则不予计数；②必须按顺序每人跳绳一次，不得相互代替，否则不予计数；③如有人能做"三摇跳"，则计数加倍，即一次三摇跳等于两次双摇跳。

（5）练习建议：①可改为计算个人比赛成绩的方法；也可改为每人的圈内双摇跳并规定次数，以先完成的队为胜；②根据学生情况可放宽规则，例如不要求连续双摇跳，允许中间加一摇跳以后继续双摇跳，中间加一摇跳称为"空跳"，不计入累加数字内；③如器材允许可改为每人一根跳绳同时进行，分队累加后定胜负的方法。

（十五）"吊车"接力

（1）练习目的：增强学生的上肢和手腕力量，提高奔跑速度。

（2）场地器材：篮球场一个，四根体操棍，四条长1.2米的绳子，八块整砖。

（3）练习方法：用绳子的一端捆好两块砖，另一端牢牢结在体操棍中间，即构成"吊车"。把四个"吊车"分别放在球场的端线后，各"吊车"间相距约3米。把学生分为人数相等的四队，各成纵队面向本队"吊车"，站立于球场另一端线后。游戏开始，各队排头迅速跑到"吊车"前，两手握住体操棍的两头，直臂用手臂和手腕力量拧转体操棍，卷起吊着砖的绳子，使砖块卷靠体操棍后，再把绳子全部松开并放回原处，快跑回本队击第二人的手，然后自己站到队尾。第二人按同样方法进行，以后全队依次而为，直到全队每人做完一次，以各队完成的先后计分决定名次。

（4）练习规则：①听到发令才能起动，击拍手后才能换人，否则犯规；②拧转吊车时必须直臂进行，并使砖块碰到体操棍后方能松开卷绳，否则犯规；③凡被判犯规者必须重做一次。

（5）练习建议：①可根据学生情况增加或减轻"吊车"重量；②可根据学生情况适当增加或减少规则限制。

（十六）综合接力比赛

（1）练习目的：增强学生的上肢、腹背力量和弹跳力。

（2）场地器材：篮球场一个，沙包两个，体操垫两块。

（3）练习方法：在球场的中线两端各放一张垫子，将两个沙包吊在同一篮圈的两侧，离地面的高度约2米～2.5米。把学生分为人数相等的两队，两队排头迅速在原地完成五个俯卧撑后，立即起动跑至中线的垫子上，完成五个仰卧起坐同时举腿（俗称两头起），再快速跑到篮下沙包处跳起用双手连续触摸沙包五次后，按原路线直线（不做任何练习）快跑返回原起点，击本队第二人的手，第二人以同样的方法往返，以后全队依次逐一进行，直至每人完成一次，以先完成的队为胜。

（4）练习规则：①规定完成的动作必须保质保量，否则为犯规；②换人接力时必须被击掌后才能进行，否则为犯规；③凡被判犯规者必须重做一次。

（5）练习建议：①可根据学生情况加长或缩短跑动距离，增加或降低规定动作难度；②可改为迎面接力比赛；③可改为计算规定时间内各队完成动作的队员人数多少决定胜负的方法。

（十七）跳球

（1）练习目的：提高学生的连续弹跳能力。

（2）场地器材：篮球场一个，篮球四个。

（3）练习方法：把学生分为人数相等的四队，每队一个篮球，各成纵队站立于本队篮球后面。游戏开始，各队第一人首先出场，按向球的前、后、左、右方向的顺序用双脚连续跳，其他人在旁边高声报出所跳的次数，直到规定的2分钟时间到，各队按所跳次数多少决定先后名次：第一名得四分、第二名得三分、第三名得两分、第四名得一分。然后各队第二名队员出场，以同样的方法计算各队得分，直到全队每人做完一次后，计算各队的累计总分，总分最高的队为胜。

（4）练习规则：①每次跳必须双脚从球上方越过，否则无效；②凡按顺序向球的前、后、左、右各跳一次按完整的一次计，不完整的一次不计算在该队员连续跳的次数内。

（5）练习建议：各队抽出一名队员到其他队担任裁判员，计算每个队员连续跳次数。

（十八）集体跳绳比赛

（1）练习目的：发展学生连续弹跳能力和协调能力。

（2）场地器材：篮球场一个，2~3米长的跳绳一条。

（3）练习方法：把学生分为甲、乙两队，每队又选出其中七人为比赛阵容，其余队员为替补队员（包括摇绳人两名）。游戏开始，首先由甲队七个人上场，两名摇绳人做好摇绳的准备，甲队的七人成纵队站立于绳子旁边，教师发出开始的信号后，集体按同一节奏跳绳，跳一次算一次，若跳的过程中出现失误，或有队员体力不支而需要换人等情况，必须在原地处理好后继续，直到规定的3分钟时间到；然后换乙队按同样的方法进行；最后计算双方集体跳绳的次数，次数多的队为胜。

（4）练习规则：①摇绳人、跳绳人都可以在跳绳过程中替换，但必须始终保持七人集体跳；②集体完整跳过一次才计算其次数。

（5）练习建议：可根据队员情况增加或减少集体跳绳人数。

（十九）连跑带跳

（1）练习目的：提高学生的腿部力量和奔跑速度，发展弹跳能力。

（2）场地器材：篮球场一个，吊球四个。

（3）练习方法：在球场两篮板的两侧下方各挂一个吊球，高度约离地2~2.1米。把学生分为人数相等的两队，每队又以甲、乙两人一组分为若干组。游戏开始，两队第一组的甲队员背起同伴乙，快跑到前场脚踩端线，立即到该端线的篮下，把乙队员放下，两人轮流跳起，触摸挂在该篮板下的吊球，每人各摸三次，然后乙背起同伴甲快跑回原出发点篮下把甲放下后，甲、乙二人再跳起触摸挂在该篮板的吊球各三次，再击本队第二组同伴的手，第二组队员以同样的方法进行……直到全队每组做完一次，先完成的组为胜。

（4）练习规则：①被背人的脚下不得落地，否则背人重跑；②跳摸吊球时必须摸到，每人必须摸三次，不得代摸，否则重摸；③去时必须背着同伴踩端线后才能跳摸吊球；返回时必须跳摸吊球后才能击拍下一组同伴的手，否则判其从中线起重做。

（5）练习建议：可根据学生情况增加或降低吊球高度。

（二十）抓铅球

（1）练习目的：发展学生的手指手腕力量。

（2）场地器材：空地（最好是泥土地）一块，教学用的3公斤重的铅球四个。

（3）练习方法：两脚屈膝分立约与肩同宽，单手五指抓住一个铅球用力提拉，同时松手让铅球自由下落，在铅球尚未落到地面前，另一手迅速由上而下把球抓住并及时把球再次提拉、松手，在球未落到地面前另一手再次继续抓住……如此反复用左右手进行，直到球落地。

在场地上划四个直径为1米的圆圈，每个圈内各放一个铅球，每个圆圈间相距约3米。把学生分为人数相等的四队，各成横排站立于本队所属的圈外。游戏开始，各队排头第一人首先进入圆圈，教师发出开始信号后，四人在各自的圆圈内按抓铅球方法进行，其他人在旁边为其数数；当抓铅球的队员的球一落地，该队第二人马上入圈，接着前一个同伴的次数继续进行；原来的抓铅球者则退至本队队尾。如此反复进行，直到全队每人做完一次，以累加抓铅球次数多少确定各队名次。

（4）练习规则：①必须严格抓铅球方法的规范性，只能两手交替地用单手掌心向下"抓"，不得掌心向上"托"或用双手，否则犯规，其所抓次数无效；②一旦球落地即为失误，不得继续进行，否则其次数无效。

（5）练习建议：①可根据学生的情况，增加或减少所抓铅球的重量；

②可改为在规定时间内全队累加先完成规定次数的队为胜的方法；③可采用计分方法进行多次比赛，累计比赛得分，分数高的队名次列前；④如器材条件允许，可一人一个铅球，进行个人间的比赛；⑤可改为单手提抓的方法，即只用一只手连续抓铅球而不用两手交替地抓，单手抓球方法同上。

六、集中注意力与放松的游戏

篮球教学与训练实践证明，每次教学或训练开始，首先采取适当措施把学生或队员的注意力集中到即将进行的教学训练课上来，是上好一次课的必要条件。而每次教学训练结束时采取必要手段，帮助学生或队员消除体力与精神疲劳，改善和提高其心理素质，对于恢复和提高机体活动能力，进而不断提高篮球运动训练水平，有着重要作用。

集中注意力与放松，是构成篮球教学与训练过程的两个重要环节，如果说没有负荷的教学训练就不成其为教学训练，那么不集中注意力全力投入的教学训练则是无质量可言的教学训练；而没有放松和恢复体力的教学训练同样不成其为教学训练。无质量的教学训练是根本无法言及篮球运动水平的提高的。

在篮球教学训练中采取游戏形式，上课开始时有意识地让学生集中注意力，课结束时又有意识地进行必要的整理放松，已被教学训练实践证明是行之有效的手段。以下提及的集中注意力与放松游戏的出发点也基于此。

（一）有效口令与无效口令

（1）练习方法：学生成横队站立，教师下达口令前加"注意"二字为有效令，不加"注意"二字为无效口令。有效口令下达后，学生应立即按口令行动，无效口令下达后，学生应保持原有姿势不动。可以个人进行比较，也可以队进行比较，看哪个队做错的人数多。

（2）练习建议：①发口令时尽可能做到变幻莫测；②次数不宜过多；③建议可由学生来组织游戏，同时练习口令。

(二)统一行动

（1）练习方法：把学生分为甲、乙两列横队站立，教师把篮球的某些单个技术动作组合术语连说三遍，例如"前滑两步，后撤一步，交叉一步，后滑两步"；"快跑，跨步急停，后转身向前快跑，向左变向跑跳步急停接侧身跑"。当发出"开始"的口令时，全队必须在统一的节奏里完成上述组合动作。凡失去节奏，或迷失方向，或做错，或漏做其中动作者扣一分。最后按两队扣分多少决定胜负，扣分少的队为胜。

（2）练习建议：①宣布组合动作的术语时要吐字清楚，声音洪亮；②可根据学生的实际情况（接受能力和思维能力）增难或减难，必要时教师可以示范一次以加深理解；③可先用体操的队列口令试做一两次后再正式开始。

(三)特殊的"3"

（1）练习方法：全体学生站成一个圆圈，在顺序报数中，逢报"3"的倍数（例如3、6、9、12、15、18……）时均不得作声，用击掌两次代替；做错者罚其做两个俯卧撑。

（2）练习规则：①报数的衔接要快，不得过慢或停顿，否则算报错；②不得喧哗、吵闹，妨碍其他人听数和报数，否则判其失败；③报数者动作要及时、果断。声音要清晰、洪亮。

（3）练习建议：①可以是其他的数字；②可按队进行比赛，可以两队交错站立，最后计算报错的次数，次数少的队胜。

(四)计时报字

（1）练习方法：把学生分为人数相等的两队成横排相对站立，两队相距约5米。游戏开始，两排按教师规定报字，在规定时间内以先报完和不报错（或少报错）的队为胜。

第一次按"东、南、西、北"四个字的顺序报。

第二次按"东、西、南、北"四个字的顺序报。

第三次按"北、南、西、东"四个字的顺序报。

第四次按"南、东、北、西"四个字的顺序报。

（2）练习规则：①顺序不得颠倒，不得报错；②不得漏报，间隔抢报，同时重报；③双方互派一人检查对方并累计对方报错人数。

（3）练习建议：可根据学生的水平另设所报的字句。

（五）顺、倒报数

（1）练习方法：把学生分为人数相等的两队，成两列横队站立。游戏开始，两队按"1、2、3、4……"的顺序自排头报到排尾，紧接着又从队尾开始，按"……4、3、2、1"的顺序倒报至排头；如此反复进行，先报完且无错的队为胜。

（2）练习规则：①报数连贯、清楚、洪亮，如有停顿即为失败；②只能按队列次序报数，不得漏报、间隔抢报和重报，否则为失败。

（3）练习建议：可改为从头至尾报奇数，再从尾至头报偶数。

（六）裁判员手势

（1）练习方法：学生成两列横队面向教师站立，听教师讲解篮球裁判员的有关手势：

第一类，队员号码手势：从4号~15号。

第二类，违例手势：带球走、非法运球、球回后场、脚踢球。

第三类，犯规手势：推人、打手、阻挡。

游戏先从第一排开始，教师发出信号后，该排学生按教师发出的信号出示相应的动作，另一排以一对一的方式进行检查；出示慢的或出示错的或有其他附加动作的扣该队一分，然后由第二排做，第一排以同样方法检查；若干次后计算两队所扣分数，扣分少的队为胜。

（2）练习规则：①必须边做边喊出动作名称，所喊的名称与所做的动作不得矛盾，否则算错；②负责检查的学生要认真和实事求是，否则算其所在队失分。

（3）练习建议：①若参加的人数多可分几排，方法可采用逐排对抗或交叉淘汰；②也可改为两人一组，一人喊动作名称，另一人做相应动作，或反过来；③喊动作名称可单个动作喊，也可逐步过渡到根据比赛实际把有关动作结合起来喊，例如"红队九号打手，两分有效，加罚一球"等。

（七）弹"钢琴"

（1）练习方法：学生每八人为一队成两列横队站立，从排头起以音符"1、2、3、4、5、6、7、i"为各自的代号，组成前后两部"钢琴"的键盘，由教师做"弹琴人"。游戏开始，教师首先宣布要用"钢琴"弹奏的一首歌曲名称后，即以自上向下的手势模仿按键动作，按该歌曲的音符进行"弹奏"；当手指向两部"钢琴"中代表某一"音符"的学生时，被指向的"音符"则立即原地下蹲，同时发出该"音符"的音调，两部"钢琴"同时进行，动作慢或发错音的扣一分，如此进行直到一首歌曲"弹"完，计算两队被扣分数的多少，被扣分少的为胜。

（2）练习规则：①只能是被指向的"音符"做出应答，否则为应答错误，扣该队一分；②教师的手势向下摆动后没有回摆，表示长音，被指向的"音符"在应答的原地下蹲后一直蹲下，直到教师的手势回摆时方能站起来，起来过早或过迟均为答错，扣该队一分；③发音要准，凡失去节奏，或音调不纯，或发尖声怪叫者，扣该队一分。

（3）练习建议：①选取的歌曲最好是大家熟悉的、稍短的；②开始"弹钢琴"时最好放慢速度，以后再逐步加快速度；③如参加的人数多，可多分几组，几部"钢琴"同时进行。

（八）夹球走路

（1）场地器材：篮球场半场，排球或足球或小篮球两个。

（2）练习方法：把学生分为人数相等的两队，各成纵队面向场内站立同一端线后，排头持一球，在三分线上放一标志物。游戏开始的哨声响后，两队排头单脚（左或右脚）脚背夹住球，从端线走到标志物处并绕过标志物返回原出发点，先到者得一分，然后两队的第二人以同样方法进行，直到两队每人做一次，以得分多的队为胜。

（3）练习规则：①凡球落地者为失败，判其立即退出比赛，对方可直接得分；②不得用手扶球，否则为球落地失败；③必须绕过标志物才能返回，否则为失败。

（4）练习建议：①可改为两队夹球接力，以提高游戏的竞争性；②可改为允许球落地，但必须自己把球重新夹好后返回；③可改为允许球落地，也允许同伴帮忙把球重新夹好后返回。

（九）绕队快跑

（1）练习方法：把学生分为人数相等的两队，两队间相隔约3米，成两列横队站立，报数后各人记住自己的号数。游戏开始，教师高声报出两队人数范围内的号数，双方被喊出号数的各一名队员立即快跑：从队列前跑过——绕过队尾——经队列后——绕过排头——跑回自己原来位置，先到者为胜得一分，如此反复进行若干次后累计双方积分，积分高的队为胜。

（2）练习规则：①只有被叫到的号的队员才能起动，否则算对方直接得一分；②必须按规定路线和方向跑动，否则必须返回重跑；③跑动者的双脚踩踏其原来位置才算成功，否则算对方得分。

（3）练习建议：①若参加的人数多可多分几队同时进行，计算胜负方法同上；②可改为成纵队快跑：从队列——侧快跑——绕过队尾——绕过排头——返回原位。

（十）交叉报数

（1）练习方法：把学生分为人数相等的两队，各成圆圈面向圆心站立成同心圆。游戏开始，教师随意指两位同学开始报数：左手被指的同学按逆时针方向依次报数，右手被指的学生则按顺时针方向依次报数，如此循环下去，直到两数字在某一学生处相遇时，该生要连报两个数字，先报出正确数字者得一分。最后累计积分高的队胜。

（2）练习规则：①报数应按正常节奏进行，故意停顿或间隔跳报者算对方得分，游戏重新进行；②报数要清楚，声音要洪亮，否则算对方得分。

（十一）微弱信号

（1）练习方法：教师站立于相对排列的两列横队之间，每一横列为一队，用勉强能使全体学生听到的声音发出各种口令：坐下、起立、闭眼、叉腰、转动、走、跑、跳等，学生则按口令行动。凡做错者扣所在队一分，每次持续进行1~2分钟后计算双方被扣分数，被扣分数少的队为胜。

（2）练习规则：①按口令行动要快，不得模仿别人的动作，否则扣一分；②不得利用发问等形式干扰别人听口令，否则扣一分。

（3）练习建议：可改为以个人为单位计算胜负。

（十二）执行指令

（1）练习方法：①指令的约定。"1"：力争击掌一次。"2"：向前走一步并击掌两次。"3"：原地半蹲一次，不击掌。"4"：后退一步，击掌两次。②把学生分为若干队成横排站立，同时按教师发出的指令执行，执行错者扣一分；直到若干次后计算各队被扣分数多少，扣分少的队名次列前。

（2）练习规则：①指令不能混淆，掌声必须与步伐吻合，否则为执行错误；②全队动作统一、整齐、掌声一致，否则为执行错误。

（3）练习建议：此类游戏约定的指令不能超过5个，以防学生混淆动作，影响游戏的进行。

（十三）反方向滑步

（1）练习方法：学生成两列横队面向教师站立，并依照教师手势的相反方向做滑步和后撤步移动。凡做错者扣该队一分，最后以扣分少的队为胜。手势方向包括：前、后、左、右四个方向。

（2）练习规则：①只要教师的手势不收回放下，队员的动作就不能停止，否则按做错处理；②凡向后滑步者必须有一次后撤步和交叉步，否则按做错处理。

（3）练习建议：有条件可改为运球反方向移动。

（十四）间隔报数

（1）练习方法：令学生站成圆圈面向圆心，引导人站在圆心，指定圆圈中某一队员从1开始顺时针或逆时针轮转报数。每人所报的数要间隔"两个数"，依次向下报，即：1、4、7、10、13、16……凡报偶数者还必须做一个篮球的基本技术模仿动作。

（2）练习规则：①两数之间只能间隔"两个数"；②报偶数的同时必须做出动作，不能先报后做或先做后报；③凡违反上述规定为做错，做错者受罚后，游戏重新开始。

（3）练习建议：此游戏可变化为：①两数间间隔为"三个数"；②报偶数者不报数只做动作，以增加游戏的难度。

（十五）传双球

（1）场地器材：篮球场一个，三人两个篮球。

（2）练习方法：把学生分为三人一组成三角形站立，听到"开始"的信号发出后，三人快速而无序地相互传两个球，直至规定时间到，不出现失误的组为胜。

（3）练习规则：①不得把两个球同时传给同一个人，否则为失误；②传球时不得运球、持球停顿，否则为失误；③传球必须到位，允许接球人适当调整位置接球，但不得离开原位置超过正常两步，否则为失误；④凡首先出现失误的组为失败，判其做一节徒手操。

（十六）两人传三球

（1）场地器材：篮球场一个，两人三个篮球。

（2）练习方法：把学生分为两人一组，两人相距约2～3米相对而立，其中一人手持两球，另一人手持一球。听到"开始"的信号后，两人同时用单手体侧传球方法对传三球，直到其中一组出现失误为止。

（3）练习规则：①不得主动缩短两人间的规定距离，否则视作失误；②当传接球失误或三个球都传到一人身上时即为该组失误。

（4）练习建议：可根据队员情况增加或缩短两人间的距离。

（十七）变化接球

（1）场地器材：篮球场一个，每人一个篮球。

（2）练习方法：全体学生每人手持一个篮球围成一个圆圈，面向圆心，两人间相距一臂左右站立，教师站立于圆心处，游戏开始：

当教师喊"1"时：每人原地把球向上抛并自己接住。

当教师喊"2"时：每人原地把球向上抛后，立即向左移一个位置，接住左边同伴所抛的球。

当教师喊"3"时：每人原地把球向上抛后，立即向右移一个位置，接住右边同伴所抛的球。

（3）练习规则：①教师口令一下，学生即要抛球，不得体前或延缓抛球时间；②抛球高度只能在离地2.5米处，误差不得超过±1米；③向左、右移动必须严格按节拍进行，以免相撞；④移动方向不能错，必须在球落地前把球接住。

（十八）针锋相对

（1）练习方法：学生成两列横队面向教师站立，教师突然做出一个动作，学生则做出相应的针对性动作，例如教师做单手肩上投篮动作，学生则扬手做防投篮动作；教师做跳投动作，学生则做跳起封盖投篮动作；教师后退一步，学生则向前一步，教师做徒手突破动作，学生则做持撤滑步防守动作……如此等等；以该横排现有学生数每人一分为基本分，该排若有一人做错扣一分，最后计算两排所剩分数多少，所剩分数多的横排为胜。

（2）练习规则：①教师所做技术动作只限于篮球的有关动作；②学生必须当即反应并做出相应动作，否则为失误。

（3）练习建议：①可改为不限定某一项目的动作；②可改为学生两人一组轮换进行。

（十九）即兴领操

（1）练习方法：全体学生围成圆圈面向圆心站立，教师先带第一节（2×8拍）徒手操，待做到第二个八拍时，由领操人任意指圆圈上另一人准备做第二节徒手操……依次类推，前面一个人做到最后四拍时指的学生，要随着口令把要做的操示范出来。

（2）练习规则：①每个领操者要按徒手操的编排顺序，由上而下或由下而上地进行，否则为错；②每个人所做的动作不得重复，否则为错；③边带操边喊口令，节拍清楚，口令洪亮，否则为错；④两人交换时不得停顿或延缓交换节奏，否则为错。

（3）练习建议：①每次轮换8～10人即可；②视学生人数多少，划定一个"每个人所带的操不得重复"的大致范围。例如有50名学生，准备要轮换15人左右，则可规定前10名学生的领操不得重复；③可改为做"放松操"。

（二十）间隔追逐

（1）练习方法：全体学生面向圆心成圆圈站立，教师站立于圆心。学生按顺（或逆）时针方向报数，各人牢记自己的所报数字。当听到教师喊某一个数字时，该数字为代号的学生立即起动，按顺（或逆）时针方向绕圆圈快速竞走，而该数字后的一个间隔人也同时起动，按同样方向和方法去追逐该数字为代号的学生。例如，教师喊"8"时，8号立即起动并按顺（或逆）时针方向快速竞走，而8号的间隔人10号也立即起动按同样的方向和方法去追赶8号。8号若被追上要受罚，否则由10号受罚。

（2）练习规则：①两人均只能用竞走方式追逐，否则犯规；②双方只能在圆圈外1～2米范围内追逐，否则为犯规；③凡被判犯规者要受罚。

（3）练习建议：具体如何出发，由教师根据学生的实际情况决定。

（二十一）启动追拍

（1）练习目的：改善灵敏性及提高快速启动能力。

（2）场地器材：篮球场1个。

（3）练习方法：队员分成甲、乙两队，双方在中线面对站立，相距2米。学生根据手势信号做启动追拍。如举左手，则甲追乙；如举右手，则乙追甲。在追至端线前拍击到对方为胜，否则以败论处。

（4）练习规则：看信号启动，追拍路线为直线，以跑出端线为胜，场内被拍击者为失败者。

第五章 篮球运动的心理训练与评价

第一节 篮球运动员的心理训练及方法

一、篮球运动的心理训练

（一）篮球运动心理训练的作用

篮球是一项具有制胜性、社会性和生理性的集体运动，其针对性和对抗性十分强烈。由于篮球运动具有较高的压力、强度和负荷，因此，若想在篮球运动项目中获得最终的胜利，则需要篮球运动员具备良好的心理素质。在参与篮球运动的过程中，运动员的体力和脑力会得到大量的消耗，因此，为了使现代篮球比赛的现实需要得到最大限度的满足，就需要积极开展篮球心理训练。具体来讲，借助多样化的心理调节手段，对篮球运动员的心理过程和个性心理特征进行主动性、有意识地施加积极影响的训练行为，均可被统称为篮球心理训练。其功能性主要包括三个层面的内容：

（1）积极参加篮球心理训练，能够促进运动员比赛心理状态的有效性。在大多数人的共识中，运动员对个人心理状态的控制以及对个人心理情绪的调整是其在参与运动项目中获得理想成绩的重要保障，因为这将使运动员具备良好的自我控制、管理和疏导能力。这一点在篮球比赛中尤为重要，甚至在某种程度上直接决定着运动员能否在不同的篮球比赛中对个人的心理状态进行及时调整，更是运动员良好运动状态得以保持，在篮球比赛中充分发挥个人的水平和能力来完美展现各项运动技能，从而取得良好比赛成绩的重要保障。若不具备良好的心理素质，则意味着自我调节能力的缺失，这样一来在训练或比赛中，运动员就会受到焦躁不安、紧张懈怠负面心理情绪的影响，从而严重影响运动员在赛场上的表现。

（2）积极参加篮球心理训练，对篮球运动员的心理有着重要的改善作用。从篮球运动员的角度来看要想对个人心理状态进行调整，就要对"心理"的构成因素，即意志因素、情感因素、认知因素进行明确认知。篮球运动员参与激烈的篮球比赛，需要具备强大的心理状态，而运动员清晰的运动表现能力、准确的运动知觉以及高度灵活的思维意识，对于运动员参与体育训练活动的效率和质量，以及灵活应对队友的动作，明确各项战略战术具有重要意义。在整个篮球比赛过程中，篮球运动员需要高度集中注意力，只有这样，才能针对场上的各项移动物体以最快的速度和最有效的方法进行反应。

（3）积极参加篮球心理训练，能够对篮球运动员的个体发展发挥重要的影响力。对于篮球运动员来讲，若想通过参与篮球运动来实现个人发展，则需要达到一定的标准、符合特定的要求，尤其需要运动员不断提升自身素质来进一步凸显个人特色和参与篮球运动、篮球训练的积极性、自主性、创造性。通过开展运动员心理训练活动，能够有效改善篮球运动员的训练态度，从而使篮球运动员能够拥有一个良好的心理状态来积极参与体育运动的过程。

（二）篮球运动心理训练的任务

篮球心理训练主要包括一般心理训练、特殊心理训练两种训练活动，而无论是哪种训练活动，都需要建立在对篮球运动员自主参与、能动参与篮球训练活动的基础之上，同时，还需要确保篮球运动心理训练内容与要求符合运动员的心理特征。在当今社会，篮球运动员运动水平的显著提升与篮球训练重心的进一步凸显密不可分，也就是说，只有积极开展特殊心理训练活动，才能对篮球运动员运动水平的提升有所帮助。篮球特殊心理训练的任务集中表现为两点：

（1）为了与篮球运动的需要相适应，运动员需要具备多种心理素质和能力。首先，要使运动员专项性的心理能力（如感知能力等）得到有效促进和提高。在篮球比赛中，运动员紧张情绪的消除能力，可以通过对个人的心理情绪进行调整来实现。而通过参与篮球训练所培养的良好运动形态和运动态度，对于个人身体和心理适应性的提升具有重要意义。其次，篮球运动员通过篮球运动能力的提升，使得篮球运动员在开展篮球运动时能够始终保持一种相对兴奋的状态和稳定的情绪。最后，篮球运动员篮球运动技能的不断提升，对于篮球运动员高作战水平的培养与发展具有重要影响力，是篮球运动员能够精准判断空间中的各个运动状态的重要保障，这同时也体现了篮球运动员良好的时机感。

（2）基于比赛的需要和运动员的个体差异来进行篮球运动员的专项心理训练，篮球运动员要具备一定的对注意范围和方向进行控制的能力。若缺乏较高稳定性的心理状态，则篮球运动员注意力的可塑性就将无法得到有效培养。作为一种具有积极性的意识，"意志"将理性和情感进行了有机统一，因而能够对人们的思想活动与行为活动发挥重要的调整作用。倘若缺乏良好的意志品质，运动员在运动场上所必备的果断性、目的性、自制自控性和自主能动性都将无法得到显著提升。

与人的某种特征类似，人同样无法对其所具备的意志品质进行直接评估或判断，同时，若想在各种竞争事件中对其不同作用进行准确区分也存在很大的难度。作为运动员必备的综合素养之一，意志素质的培养与提升有赖于心理训练的有效开展。特别是针对高水平运动员来讲，心理训练活动的开展，一方面可以对运动员的智力水平进行提升，另一方面也可以展现个人在比赛中的价值。

二、篮球运动员心理训练的方法

个体差异性原则和自愿性原则是开展心理教育培训活动必须遵循的两大基本原则，运动员在整个心理训练过程中要以持之以恒的状态参与其中，并基于对被训练者心理特征、智力特征和年龄特征的整体把握，来开展针对性的引导工作，从而使心理教育活动的针对性和目的性得到充分保障。若想对篮球运动员进行心理训练活动的引导和有效组织，最关键的一点就在于，在合乎篮球运动训练原理和规则的前提下，对篮球运动员进行针对性指导使其创造性和发展性得到切实保证。

（1）放松训练。"放松训练"的最终目的在于使身体的肌肉状态得到改变，从而以一个相对轻松和稳定的状态来组织身体的各个肌肉，进而达到心理状态相对稳定的效果，而该效果的主要实现途径就在于人对自己的心理暗示。由于"放松训练"方法操作较为简单，依靠运动员个人的力量即可完成，因而在心理训练过程中应用普及度最高。

（2）表象训练。"表象训练"是在意识清晰的状态下，人们对运动表现进行充分利用以有序推进一系列行为动作活动的训练方法，主要表现为动作的创造、动作的修正、动作的发展、动作的回顾、动作的重复等内容，也称为"认知训练"和"想象训练"。表象训练方法的应用目的在于进一步加大技术动作训练强度，以提高技术训练的效率、质量和精准度，从而实现运动员相对稳定情绪状态的有效调整。

（3）呼吸训练。在"呼吸训练"方法的应用过程中，运动员以一种正常的呼吸速度开始呼吸活动，而后在这种正常呼吸的状态中，不断提高呼吸速度的方法，其核心在于通过对每一次呼吸所带来的能量与活力的想象，在呼气的过程中释放疲劳。在呼吸的过程中，每一位运动员都可以获得巨大的能量，这些能量便是运动员实现心灵满足、身体疲惫得以缓解的重要推动力。尤其以体能或专项训练为例，很多运动员为了完成各自的运动任务，都会借助充足能量和氧气的作用。所以，广大体育运动者往往对呼吸训练法的认可度和青睐度也非常高，这也使得呼吸训练法在心理训练中得到了广泛应用。

（4）模拟训练。作为一种适应性训练，"模拟训练"的完成需要借助外部事物的辅助，通过模拟比赛环境，从心理和思维层面为运动员营造一种训练活动或比赛活动的氛围，使之能够对周围的运动环境实现最大限度地习惯，同时，使外界环境所造成的运动员心理上的困扰得到有效降低，最终实现运动员心理压力有效缓解的训练目的。

（5）暗示训练。在充分保障时间充裕的前提下，充分调动和发挥运动员的想象力和创造力，使之在想象力的作用下产生某种特定的信号，这种心理状态训练方法即为"暗示训练"。基于"暗示训练"方法的应用，运动员会形成一种身体充满力量、精力充沛的感觉。

（6）生物反馈训练。"生物反馈训练"方法的应用和效果保障离不开现代电子仪器的重要作用，首先，它可以直观呈现运动员内脏器官的详细数据，以进一步增强运动员主观意识层面的联系，同时强化运动员的情感体验，进而实现合理化控制内脏器官来全面落实反射性控制，最终使运动员的紧张心理得到一定程度的缓解；另一方面，在现代电子仪器的作用下，可以通过生物反馈训练来及时调整运动员的心理状态和身体机能，进而更有效地控制内脏活动，引领生理变化的正确发展方向。

第二节　篮球体能测试及其质量评价

一、高校篮球体能测试的内容指标

高校篮球体能教学一般由一级指标和二级指标双重指标构成。而一级指标主要包括体态、机能、运动素质乃至技能机能类指标之类。

（一）体态类指标

体态即形体。体是体形，是身体各部位的尺寸和比例；态是形态，是人体的基本姿态。对于运动员或学习者而言，体态类指标是对其外形的考核标准。不管是针对于考核，还是针对于篮球的选人，它都十分重要。

体态类指标具体可分为以下四种类别：

（1）身高指标范围：女性身高在1.65米以上；男性身高在1.75米以上。正值青春发育期青少年应结合父母身高进行身高预测。

（2）体重指标范围：女性体重约60公斤；男性体重约75公斤以上。选

第五章 篮球运动的心理训练与评价

材肌肉的含量及脂肪比例也是需要特别注意考虑的问题。

（3）胸围指标范围：女性胸围在84厘米以上；男性胸围在90厘米以上。体能测试时多结合身高、体重、肺活量等指标检测进行。

（4）体型指标范围：体形既是反映人体各组成部分结构比例的标志，又是人体测量的重要指标之一，如手指长度、骨盆发育、下肢长度、脸长、踝骨直径等。在做该项体能测试时，需要结合全身检查情况进行。

（二）机能类指标

机能类指标是运动的基础，属于运动机能类指标。它是运动员正常运动的前提。机能类指标主要是针对与心肺功能相关的测量的指标，具体包括以下四类：

（1）肺部机能：肺活量，最大通气量等。

（2）心脏功能：最大心率等。

（3）身体恢复能力：肌肉恢复能力，以及运动创伤愈合能力等。

（4）骨骼自我修复能力：即在运动过程当中，骨骼受到轻微损伤后的自我修复能力以及愈后恢复能力等。

（三）运动素质类指标

田径类的运动指标是运动素质指标的主要参照，具体可分为以下四类：

（1）速度素质。人体或人体某个部位快速运动的能力被称为"速度素质"。其主要包括运动时人体对各种信号做出的反应速度、快速通过一定距离及完成动作的能力。由此可见，速度不仅在竞技运动中起着十分重要的作用，还是竞技运动中的基本运动素质之一。所以速度素质的发展及相关专业技术的结合成为体能训练的一个重要任务。

（2）力量素质。通常情况下，人们把肌肉工作时克服阻力的能力视为力量素质。无论做什么动作，人都需要使用肌肉的收缩力量，它不仅是掌握运动技巧、运动机能的重要基础条件，还是提升运动成绩的关键。它赋予了人体基础生活的能力，并使之维持下去。

（3）灵敏素质。灵敏素质是人体能够快速、准确、敏捷、协调地在各种突然变换的条件之下完成动作的能力。可以说，人类做的每一个动作，都在不同程度上体现了韧性、耐力、速度与力量等素质，所以我们可以理解为灵敏素质是人神经反应、运动技能及各种身体素质的综合表现。

此外，应答动作的熟练程度直接反映了灵敏素质的高低。具体可按照以下三项内容进行灵敏素质水平评定：

其一，是否具备快速转身、翻转、躲闪、判断、维持平衡、反应等能力。

其二，无论在什么条件下，都能很好地控制自身身体，并在此前提下将动作熟练、准确地完成。

其三，对于熟练的动作，能不能将其反应速度、协调性、耐力、节奏感、力量等素质与技能综合地表现出来。

（4）耐力素质。耐力素质不仅是反映人体体质、健康水平的重要标志，也是运动中人体克服疲劳能力的一种体现。虽然所有运动项目都需要运动员具备相应的耐力水平，但马拉松比赛可以说是所有运动项目中对运动员耐力水平要求最高的。一个运动员克服疲劳的能力越强，说明他具有的耐力水平越高。

（四）技能类指标

（1）基础技能指标：①运球能力；②对墙抛接球能力；③防守能力；④三分球投篮技术。

（2）专项技能指标：①各个位置上的抛接球运动；②连续投篮技术；③负重运球上篮技术。

二、高校篮球体能测试的评价

（一）身体形态评价

（1）身高：人体高度。

测量方法：学生应在测试器踏板上身体端正站直，双臂自然下垂，足跟并拢，躯干自然挺直，足尖分开约成60°，头部保持正直。

第五章　篮球运动的心理训练与评价

测量注意事项：测量身长时间选择上午10点为宜。

（2）体重：人体的质量大小。

测量方法：利用体重计在特定时间对学生测量，学生头部保持正直，躯干自然挺直，双臂自然下垂，站立于测试器踏板上，上足跟并拢，足尖分开约成60°。

注意事项：测体重时，衣着应简单轻便，而且测量之前要排空大小便。

（3）胸围：胸廓大小的维度。

测量方法：学生坐立位或站位都可以，双臂自然下垂，用皮尺测量腋窝高、乳头高、剑突高三个部位的周径。

注意事项：测量的时候，应该平静站位或坐位，自然呼吸。

（4）呼吸差：深呼吸吸气与呼气时候的胸围维度差距。

测量方法：学生面向正前方，并以立正姿势站立，后用皮尺记录吸气和呼气的最大维度。

注意事项：为了确保测量结果的准确度，测量时应将皮尺紧贴皮肤。以厘米为单位，记录到小数点后一位。

（二）速度素质评价

（1）变距折返跑。运动员在折返跑的过程中，按教练指定的标志物，从其中一点开始，按要求距离跑至另一标志物处后折返，且每组测试中包含不同距离变化。

（2）三角折返跑。三角折返跑就是运动员需要按照教练规定好的三角路线跑动，还需要在给运动员计时的同时观察运动员的跑动姿势。它是考量运动员综合素质的一项重要指标。

（三）基本技能评价

基本技能的评价包括以下四个方面：

（1）外线接球突破。

（2）内线接球突破。

（3）梯形滑步。

（4）外线接球投篮。

（四）肌肉功能评价

1. 握力

握力，通常被简单地认为是手的力量，实则是人的前臂乃至手部肌肉的力量。握力器是握力测试时常用的工具。根据握力器及实际操作情况的不同，所采用的测试方法也多有不同。握力测试时，被测试者应使身体与水平地面保持垂直，双臂自然下垂，两脚打开与肩同宽。关于测量，要进行多次记录采样，去掉最高值和最低值，取中间值的最佳成绩作为测量结果。

握力测试的评价标准见表6-1：

表6-1　握力测试评价参考标准/牛顿

性别	年龄（岁）	5分	4分	3分	2分	1分
男	18～20	540以上	486～539	411～485	361～410	310～360
	21～25	540以上	486～539	411～485	361～410	310～360
女	18～20	340以上	300～339	250～299	200～249	170～199
	21～25	350以上	300～349	250～299	200～249	165～199

2. 立定跳远

立定跳远测试是评价腰腹力量、下肢、协调性及身体跳跃能力的一种测试。

场地及工具：沙坑、丈量尺。

测试方法：①参与测试者站在测试线前方，两脚不能压线；②两脚同时发力，向前向上起跳；③根据起跳情况，丈量最近处落地点到测试线的距离。和握力测试一样，立定跳远也要多次测量。

立定跳远测试的评价标准见表6-2：

表6-2　立定跳远评分等级/厘米

性别	年龄（岁）	5分（优秀）	4分（良好）	3分（中等）	2分（下等）	1分（差）
男	18	254.0以上	240.0～253.9	221.0～239.9	209.0～220.9	208.9以下
男	19～22	258.0以上	245.0～257.9	226.0～244.9	213.0～225.9	212.9以下
女	18	195.0以上	181.0～194.9	164.0～180.9	151.0～163.9	150.9以下
女	19～22	197.0以上	185.0～196.9	168.0～184.9	155.0～167.9	154.9以下

3. 一分钟立卧撑

立卧撑是结合深蹲、俯卧撑、跳跃等动作为一体的训练动作，被测试者可通过该项运动测量自身综合肌肉的耐力及身体灵活度。

测试时，被测试者首先要保持站姿，使身体与水平面垂直，之后双脚打开与肩同宽，双膝微微弯曲随之下蹲，两手与肩同宽，利用双手撑地，双腿向后蹬做俯卧撑动作，接着双腿收回，保持下蹲姿势，最后身体向上跳起或还原成直立姿势。在测量该项运动时，一般取一分钟为单位，计量次数。

一分钟立卧撑测试的评价标准见表6-3：

表6-3　一分钟立卧撑测试评价标准/次

性别	5分（优秀）	4分（良好）	3分（中等）	2分（下等）	1分（差）
男	40以上	35～39	30～34	25～29	24以下
女	32以上	28～31	24～27	19～23	18以下

4. 1RM测试

1RM测试是指被测试者一次性可以推举的重量，一般来说，具体有以下两种测试方式：

（1）仰卧推举。被测试者平躺在卧推凳上推举杠铃，测试者在一旁，进行保护，但是不对杠铃施力，以被测试者能推举的最大重量的杠铃作为被测试者的有效成绩。

（2）肩上举。受试者两臂分开，保持双臂与肩同宽，然后将杠铃抬到肩膀上，掌心向上，之后慢慢放下，以被测试者能推举的最大重量的杠铃作为被测试者的有效成绩。

一般来说，在该项测试当中，应当注意以下三点：

第一，做好热身运动，防治运动伤害。

第二，量力而行，不能贪多。

第三，做好保护措施，最好有专业的保护器具保障。

1RM测试的评价标准见表6-4：

表6-4　一次重复最大量测试中肌肉力量得分的标准/千克

性别	测试方式	5分	4分	3分	2分	1分
男	仰卧推举	149以上	130~149	110~130	100~110	50~99
	负重屈肘	79以上	61~79	56~60	41~54	30~40
	肩上举	110以上	81~110	68~80	51~67	41~50
女	仰卧推举	99以上	81~99	75~80	70~74	41~69
	负重屈肘	59以上	56~59	40~55	35~39	15~34
	肩上举	79以上	60~79	55~59	47~54	20~46

5．心肺耐力评价

（1）肺活量。肺活量是一种常用的反映呼吸机能的指标，它和身高、体重、胸围成正相关，人体的最大出气量被称为肺活量。

肺活量反映的是静态气量，与呼吸的深度有关。正常成年人肺活量，男性为4000~4500毫升，女性为2600~3200毫升，通常来说，体重和胸围大的人，肺活量也大。

测量肺活量时，被测试者站立，然后手握住肺活量计的吹气嘴，做最大吸气后对准肺活量计的吹气嘴做最大的呼气，直到不能再呼气为止。

每人可测量三次，每次间隔时间为15秒，受试者按指示器或显示器读数，选最大值记录，精确到10位数，误差不得超过200毫升。

肺活量的测量，一般要采用相应的仪器，测试的时候，一般要进行1~5

次测量，每次测量要间隔15秒左右。

（2）12分钟跑。12分钟跑，指的是被测试者在12分钟内的奔跑长度，但是在测试的时候，应当鼓励被测试者量力而行，避免造成运动伤害。

12分钟跑测试的评价标准见表6-5：

表6-5 2分钟跑体力评价表/米

性别	非常好	良好	稍差	不好	非常不好
男	2800以上	2400～2799	2000～2399	1600～1999	1600以下
女	2600以上	2200～2599	1800～2199	1500～1799	1500以下

（3）台阶试验。台阶试验可简单反映人体心血管系统机能状况。该试验需在合适台阶前进行，由于男女身高有一定差异，所以女子试验台阶高度大多在25厘米左右，男子试验台阶高度大多在30厘米左右，被测者有组织地在台阶上快速登步，记录并计算其每分钟踏步的次数。试验指数值越小，就意味着心血管系统的机能水平越低；试验指数值越大，就意味着心血管系统的机能水平越高。此外，相关数据显示，在运动后的3分钟恢复期内，心肺功能强的人较心肺功能弱的人心跳频率要低。

测试通常按下列步骤进行：

一是测试时找一个同伴，同伴可以帮助你保持适当的踏跳节奏。跳跃节奏为每分钟踏30次（上下），共3分钟，可以让同伴用节拍器或声音提示你。需要2秒钟上、下各踏一次（也就是说，把节拍器设置为每分钟60拍，每响一下踏一次）。在测试时，应左右腿轮换做，每次上下台阶后上体和腿必须伸直，不能屈膝。

二是测试后应立即坐下，并测量训练后1分钟至1分30秒、2分钟至2分30秒、3分钟至3分30秒等3个恢复期的心率。同伴帮助计时，并记录训练后的心跳次数。

测试的准确性在于必须每分钟踏完30次，这样运动后恢复期内的心跳频率测量才是有效的。

根据测试的记录,按照下列公式计算评定指数:

评定指数=踏台阶上、下运动的持续时间(秒)×100/(2×3次测定脉搏数之和)

台阶试验测试的评价标准见表6-6:

表6-6 台阶试验指数的评分等级

性别	5分(优秀)	4分(良好)	3分(中等)	2分(下等)	1分(差)
男	70.9以上	62.5~70.8	53.6~62.4	48.6~53.5	45.0~48.5
女	70.1以上	62.1~70.0	53.1~62.0	48.4~53.0	44.5~48.3

6. 柔韧性评价

柔韧性既是一项重要的身体素质,又是保证运动员顺利完成篮球动作的基本要素。它不仅可以减少活动中身体损伤的发生,还可以减轻疼痛、改善姿势、保证生活质量。通常情况下,我们采取两种方式进行柔韧性评价:

(1)坐位体前屈:被测试者以坐姿接受测试,脚跟并拢,脚尖分开大概一拳到一拳半,上臂伸展,向前伸直胳膊。

坐位体前屈测试的时候应该注意:①测试之前充分进行热身;②避免大幅度运动;③腿部和手臂都应保持伸直。

坐位体前屈测试的评价标准见表6-7:

表6-7 坐位体前屈测试评价参考标准/厘米

性别	年龄(岁)	5分	4分	3分	2分	1分
男	18~20	22.8以上	17.4~22.7	10.0~17.3	4.5~9.9	-0.2~4.4
	21~25	22.0以上	16.4~21.9	8.4~16.3	2.5~8.3	-3.2~2.4
女	18~20	21.0以上	16.2~20.9	9.0~16.1	3.8~8.9	-0.6~3.7
	21~25	18.0以上	14.6~18.0	7.5~14.5	2.5~7.4	-0.3~2.4

(2)立位体前屈:被测试者双脚打开,与肩同宽,向下下腰,两腿伸直,用手臂碰触地面。

立位体前屈测试的时候应该注意：①测试前应该进行适当的热身；②测试时上身与两臂要协调，避免拉伤；③测试的时候应该保证两腿要伸直。

立位体前屈测试的评价标准见表6-8：

表6-8　立位体前屈测试评分表/厘米

性别	年龄（岁）	5分（优秀）	4分（良好）	3分（中等）	2分（下等）	1分（差）
男	18	21.0以上	16.5～20.9	10.0～16.4	4.3～9.9	4.2以下
	19～22	21.3以上	17.1～21.2	10.0～17.0	3.0～9.9	2.9以下
女	18	20.0以上	15.7～19.9	9.5～15.6	4.6～9.4	4.5以下
	19～22	20.5以上	16.7～20.4	10.4～16.6	3.8～10.3	3.7以下

第三节　篮球教学与训练的评价内容与方法

一、篮球教学与训练的评价内容

教学评价是教学管理的主要手段之一。它是根据一定的教学目标和标准，对学生的学习和教师的教学进行系统的调查，并对其价值进行评价。"作为体育教育一门子学科，篮球教学评价是对篮球教学效果进行价值判断，它依据一定的标准对篮球教学过程中所收集到的所有信息进行判断"。[1]

（一）教学目标的评价

教学目标评价主要是对学生教学目标实现情况的评价。评价学生在教学过程中目标任务的完成情况。技战术熟练度评价是用一定的方法衡量学生技战术熟练程度，是学生学业评价的重要组成部分。

（二）整体教学质量的评价

对于篮球教学来说，一个不可忽视的重要环节是教学质量的评价，教

---

[1] 千少文.篮球教学评价的回顾与新取向[J].武汉体育学院学报，2002（02）：102.

育教学的过程中，明确完整的教学目标需要教学质量的评价，在分析整体教学过程时，有效的评价手段能够总结和分析教育教学中的缺点和不足。在完整的教学活动中判断教学的结果，能够及时反馈教育教学信息，还能够及时调整以往的教学过程，由此还能够进一步实现预设的篮球教学目标，除此之外，对学生而言，评价教学质量能够对学生的学习效果起到针对性作用，让学生能够在教育教学的过程中不断发现和挖掘自身的优点和不足，由此起到调整学生学习状态的作用。教学质量评价的目的是为了提高教师的教学质量，帮助学生充分了解自己的喜好和兴趣，由此增强学生的实践能力和培养学生的合作精神，进而促进学生的和谐发展和全面发展，除此之外，教学过程的调整能够保障教学的顺利开展，实现较高的教学质量。评价篮球教学需要具体问题具体分析，从实际情况出发，根据相应的教学目标开展篮球教学。

评价篮球教学的有效形式是评价课堂教学质量，这样的教学评价在评价体系中是最具代表性的，这种教学评价方式的基础是充分了解和掌握篮球学科知识，根据学生的具体情况和教学要求以及新课标的要求，制定合理的评价标准和体系，从而形成具有教学规律和特点的教学目标。教师应该根据评价标准的指导明确教学目标，从而调动学生学习的积极性，完成教学改革，最终起到优化教学过程的作用，进而实现教学目标。

篮球教学质量评价的主要内容和指标包括教学内容、方法、态度和效果：

（1）教学内容：①完成教学大纲要求；②处理教材深度的适合性；③课程进度和学习负担的合理性；④理论联系实际。

（2）教学方法：①思路清晰，概念准确，重点突出；②注意启发，促进思维，培养能力；③示范动作形象生动，语言精练；④指导学习方法，注意改进教学方式。

（3）教学态度：①备课充分，讲解熟练；②辅导耐心，批改作业认真严格，教书育人；③勇于创新，不断改进教学方式。

（4）教学效果：①考试成绩；②课堂纪律；③平时作业与测试；④学生分析问题、解决问题的能力。

（三）技、战术评价

（1）测量定性指标。定性指标是不能用特定的计量单位计量的，但是在教学的过程中，有一部分教学指标是必须要用计量的方式计量的。在篮球的教学实践和实践训练中经常运用到这种评价指标，在篮球教学中，属于定性指标的是篮球教学课程以及不同考试中运用的技术指标。从篮球战术教学的特点出发，定性的指标是完成技术动作的标准指标，需要先预定技术规范才能进行评分。

（2）测量定量指标。定量指标指通过特定单位进行度量的指标，例如，测量训练过程中的运动速度、跳跃高度和命中次数等。指标的选择主要由评价目标决定，正如在测量技术的熟练度时，就可以根据速度的指标展现；如果是测量身高指标，可以由学生弹跳的能力来判断。精度指标能够衡量传球技术和投篮技术。在篮球教学和培训评价的过程中，可以采用定量指标。在衡量学科的整体水平时，必须先依据评价标准制定样本测量方法。评分形式依据统计学的方法能够呈现出较好的分异程度，进而反映出测试者的实际水平。

（四）理论知识评价

常用的测量方法有笔试测试、口试测试和作业测试三种形式。

（1）笔试测试，分为开卷测试和闭卷测试。开卷测试主要用来测试学生对知识的分析能力和问题的解决能力，闭卷测试主要用来测试学生掌握篮球知识的程度。前者适用于初中阶段的理论测试，后者适用于高中阶段的理论测试。

（2）口试测试，所有学生都适合进行口试测试。如果是低年级的学生，口试测试的主要内容可以是课堂内容和进行课堂提问，除此之外，也可以采用专题答辩的形式测试。口试测试可以帮助学生充分地理解和掌握篮球理论知识，由此提高学生的学习能力、分析问题和解决问题的能力。

（3）作业测试。作业测试能够综合评价教学水平。它能够结合篮球的实践知识和理论知识，并融合自身的见解。所以，作业测试能够提高学生对理论知识的掌握能力和实践能力。

评价训练最常见的评价方法是分析评价法和综合评价法。通过将两种评价方法结合能够对训练过程进行完整、系统的分析，进而实现更加全面的篮球训练评价。

在实践训练评价的过程中，比较常用的方法是指标评价法和现场观察法。在观察和统计获得的数据和资料时，应该运用指标评价和综合分析评价。比如，训练强度的测量等于总的训练时间加上训练的强度；测试投篮的命中率是把命中的次数除以投篮次数乘以100%。评价运动员的技术水平可以通过积累分数法展现。将各项的最高分累计相加，得出最终结果，再依据排名的顺序评价运动员的技术水平。在评价个体投篮命中率训练滞后的技术参数时，采用的是个体差异评价法。

在整体评价培训质量的过程中，除了需要综合以上的评价方法，也需要结合其他相关的方法，然后根据必要的需求收集内容，再进行评价，让整体评价有据可依，从而展现完整的评价数据。

二、篮球教学与训练的评价方法

因为体育训练是一个为提高竞技能力，为取得优异成绩做准备的实践过程。因此，训练评价应从运动成绩、竞技能力、训练效果三个方面对训练质量进行评价和分析。

（一）运动成绩

体育成绩就是运动员在体育运动中取得的有效成绩，体育成绩是展现体育训练效果的重要依据，也是展现体育训练持续发展的重要依据。它的基础运动指标是运动员的竞争表现能力。体育成绩不仅包含运动员和运动队在比赛中的竞技能力，还包含运动员和运动队在比赛中的输赢和名次。在篮球比赛中，决定比赛结果的因素有很多，如运动团队的发挥水平和竞争能力、竞争对手的表现运动实力、教练员的现场指导和决策，以及评价竞争的行为（裁判的水平、场地的环境条件、规则制度等）等。但是，决定比赛结果的最主要因素是运动员自身的竞技水平和竞争能力，只有运动员的竞赛水平扎实，才能取得比赛的最终胜利。

训练质量的判断不能简单地通过比赛输赢来决定，但是，通过分析运动员在比赛中的发挥和表现能够分析出运动员在训练中存在的问题和各自的优势、劣势，是评价和分析整体水平的重要依据。比赛的得分直接决定比赛的结果。篮球得分的方式多种多样，包括选择和应用正确的战术方法，运用合理的技术效果以及统计和计算成功率、攻守次数等，经过准确的分析，能够总结出运动员的竞技水平和发挥水平，进而从整个比赛出发，分析每一位运动员和每一个团队的战术和竞赛技巧，再通过不同的技巧和方法攻破对手，最终取得比赛的胜利。因此，在比赛的过程中，要全面地分析和判断训练过程中每一位竞赛者的特点。

（二）竞技能力

竞争能力的概念是在进行训练的时候，针对性地提升运动员或者团队的综合有效成绩。影响竞技能力水平的因素有很多，包含运动员的身体机能、智力水平、心理素质、身体形态、比赛技巧、运动机能等，竞技能力的高低由这些因素决定。不同的决定因素影响的群体竞争力也不同。比如，在篮球这项竞技运动中，起到决定作用的主要是运动战术、运动质量和运动技术。所以，在评价训练质量时，应该把决定性因素作为影响整体评价的主要依据。评价竞争力可以从以下两个方面入手：

第一，对运动员竞技能力的分析以及各因素发展水平的分析，经过综合评价获取的客观数据。

第二，通过检查训练的方法、内容以及负荷等因素，不断提高运动员的竞赛能力，充分挖掘运动员的潜在能力。在评价的过程中，首先要考虑运动员的先天竞争能力，如身高优势，再考虑运动员的竞争能力，通过评价原始的测量结果，进行相关的分析和对比，然后得出正确的判断和结论。

（三）训练效果

训练效果展现的是运动员在一定的训练任务中，能够承受的最大承载负荷竞技能力。这种运动效果直接可以衡量运动员的训练效果和训练成绩。评价训练的结果主要是为了从训练工作中分析出形成训练效果的原因，进而为总体评价提供依据。可以从以下四点进行分析：

（1）对把控训练工作的发展方向和指导体育训练的工作思想具有重要的全局意义。在做决策之前，应充分分析篮球的发展趋势，能够及时有效地筛选针对性信息，由此更好地完成教学目标和任务。

（2）分析训练中的组织架构。需要准确地安排好运动员的训练计划，不管是长期训练计划，还是短期训练计划，或者是季节性训练计划，都需要落实到具体的训练中，进而保障后续的训练计划。

（3）训练手段和方法的分析。在得出结论和判断之前，应该做长期的训练规划和评估，并在规划中坚持有效性和针对性。

（4）对训练负荷进行分析并作恢复安排。通过收集数据和资料，对班级之间的负荷强度、数量、形式等方面进行分析。在运动训练中，运动员的最强负荷是影响训练最活跃、最基本的因素，根据人适应事物的顺序来说，大致过程是"负荷—疲劳—恢复"，并在不断适应和改善的过程中适应事物的发展。

上述的四个训练评价是针对不同阶段、时间和训练过程的运动训练，因此，在具体实践的过程中，应该根据实际情况出发，选择不同的训练方式，并且，在具体实践的时候，应该先明确评价目标，再制定对应的内容和方法，做到客观评价、科学评价和正确评价。

第六章 篮球队伍建设管理与竞赛组织工作

第一节 篮球队伍的建设管理

一、高校篮球队的教练员及其素质培养

（一）高校篮球队教练员的主要作用

目前我国的体育事业正处在一个充满机遇的时代，同时，也面临着十分严峻的挑战。当下各种体育运动技术的水平正逐步逼近人体生理和心理能力的潜在极限，运动训练的科学化和社会化水平也在不断地提高，从而使运动技术水平受到多方面、多层次因素的影响。教练员是体育运动训练过程中的控制部分，同时也是决定训练水平的一个主导因素。实际上，运动训练的过程是一个控制系统，一切与之相关的因素最终都必须通过教练员这一中心环节才能作用于运动员，并最终通过比赛获得相应的运动成绩。

教练员不仅在提高运动员的技术水平、挖掘运动员的潜能等方面起着相当重要的作用，而且对于提高一个国家的体育水平以及使一个国家在奥运会等重大比赛上取得优异的成绩等方面都有着十分重要的作用。一个国家竞技体育水平的高低，一个国家的某一体育运动项目的水平能不能出类拔萃，教练员起着关键的且不可替代的作用。一个好的教练员可以带好一批队员，一批好的教练员可以把整个项目都带动起来。

篮球教练员是篮球运动员培养的执行者，他（她）们根据球队发展的目标制订相应的训练计划，运用各种科学手段对运动员进行技术、战术、心理、体能等方面的训练。篮球教练员是篮球运动发展的核心推动力，篮球教练员的水平在很大程度上决定着篮球运动发展的现状和潜力。这是因为他们

是篮球训练的指导者，篮球教练员能力的高低对篮球运动员技术水平的形成和发展具有直接性的决定作用。篮球教练员承载着带动篮球运动发展的重要历史使命。

教练员是竞技体育训练中的一个异常关键的因素。从我国体育事业发展的历程看，教练员是竞技体育人才建设的关键，他们在运动训练过程中起着主导作用，教练员不仅担负着提高运动技术水平、攀登世界竞技体育高峰的任务，更重要的是我们的教练员也是一个教育者，他们担负着教育运动员并培养他们成人的重大责任。

教练员是运动训练的主体，教练员队伍建设直接影响到各个运动项目技术水平的提高，关系到我国体育事业的发展。我国一些项目之所以长盛不衰，保持世界的领先地位，主要得益于拥有一支高水平的教练员队伍。他们在过去和现在的教练工作中，为提高我国运动技术水准作出了积极的贡献。实践证明，一个国家要实现竞技体育的可持续发展，必须拥有一支年龄结构合理、综合素质较高的优秀教练员队伍。

教练员在体育运动训练过程中的主导作用是毋庸置疑的。教练员的作用具体体现在选材、训练、管理及临场指挥等方面。

（1）在运动选材方面的作用。在体育运动训练的过程中，运动员的科学选材是训练科学化的一个重要组成部分，也是运动训练系统进入实质化运作的第一个步骤。随着现代科学技术的不断发展以及对运动训练的强有力的渗透，运动员的选材工作更加深入，理论研究也更加广泛。因此，运动员选材工作从客观上讲对教练员的要求也就越来越高，教练员在这一过程中的作用也就更加突出了。

（2）在运动训练中的作用。教练员在训练中的作用是非常深刻和广泛的。概括起来说主要反映在四个方面：首先，确立训练的目标模型；其次，对运动训练的全过程实施有效的监控；再次，调整和控制干扰正常运动训练的各个因素；最后，对训练过程的前后进行科学的评价。

（3）在训练管理中的作用。训练管理工作是在科研人员、医务人员、营养保健人员、心理专家等专业人员的协调努力下，由教练员去具体实行的。因此，教练员是运动训练的主要管理者，教练员在运动训练管理方面的作用主要体现在三个方面：①对训练过程的各种实践活动进行科学管理；②对运动员的思想进行管理；③对运动员的文化学习以及日常生活的管理。

（4）在临场指挥方面的作用。体育比赛，不仅仅是比赛双方体力的对抗，也是运动员智慧的角逐。而教练员则是双方较量的场外谋士。虽然教练员不直接参与竞技场上双方的角逐，但是他运筹帷幄，驾驭着整个比赛的过程，调整并控制着比赛中运动员战术的运用和心理变化，对比赛的胜负起着关键性的作用。体育比赛是受时间的制约的，一般来说教练员的临场指挥表现在比赛前的准备期间和比赛期间。在此过程中教练员的作用集中体现在两个方面，一个是战术方案的选择和调控；另一个是调整运动员的竞技状态。

（二）高校篮球队教练员的基本职责

教练员在运动队中的职责主要是负责各体育项目的运动员的训练、比赛、思想教育和管理工作。不断提高运动员的技战术水平和思想政治觉悟，培养德、智、体全面发展的优秀体育运动人才。概括来说，教练员的主要职责有以下几方面：

（1）挑选并合理配置运动员。挑选有发展潜力的运动员，进行严格的训练和培养，将有才能的运动员进行调整优化组合，进行合理的配置，使所带的运动队伍尽可能地完成上级所规定的成绩指标，能够胜任重大的比赛任务，并做好运动员的新老接替以及后备人才的培养和储备。

（2）做好运动员的思想教育、学习、管理等方方面面的工作，要善于运用各种方式和手段激励运动员，调动他们的主动性和积极性，由"要我练"转变成"我要练"，彻底改变运动员陈旧的训练观念。树立运动员训练的主人翁意识，充分发挥运动员的智慧，鼓励运动员多动脑，多思考。同时，要培养运动员遵守各项规章制度的自觉性，树立良好的队风。

（3）以世界杯、奥运会、亚运会或其他与教练员自身所带球队相适应的重大比赛为主要目标，从实际出发，权衡各个多元目标的重要性和紧迫性，制定并实施多年、全年、月、周的训练计划以及每日的训练课教案等。

（4）保证每一堂训练课的质量和效果。训练的任务要具体详细，训练的内容要准确，训练的方法要恰当，运动量要做到科学合理。善于培养运动员发现问题、分析问题和解决问题的能力。通过运用合理有效的训练方法，使运动员准确地掌握所要讲授的技战术，提高运动员的身体素质，并能在实战中运用和发挥。

（5）加强对比赛的管理。在赛前要充分了解和分析对手的情况，制定详细的比赛方案，确定好阵容和打法，开好赛前准备会。临场指挥时，要做到沉着果断，若出现赛前没有料到的情况时，要及时调整运动员的心态和比赛的阵容及打法。赛后要进行认真总结，吸取比赛胜利的经验和失败的教训，以便在下一场比赛中扬长避短，争取取得比赛的胜利。

（6）对训练和比赛进行详细的观察、统计和分析。就运动员和队伍的整体水平及时作出客观公正的评价，建立运动员的训练和比赛档案分析表，记录好运动员日常训练和在比赛中的表现情况，并做出相应的评价，以便于及时调整和完善训练和比赛计划，更好地控制日常训练和比赛。

（7）积极主动配合队医做好运动员的医务监督和伤病防治工作。对训练、比赛中出现的运动员的伤亡事故，及时找出事故原因，查明责任，做好预防工作，避免伤害事故的再一次发生。

（8）要努力建立良好的公共关系。在教练员与俱乐部官员、其他教练员、新闻记者、商家、球迷等之间建立一种相互尊重、相互理解和相互支持的良好关系。

（9）努力学习，刻苦钻研业务。善于运用多学科知识，提高科学训练的水平；及时了解篮球运动的发展趋势，竞赛规则的变化；根据国内外的先进经验，结合实际，用于改革创新；积累技术业务资料，不断进行自我反思，认真总结经验，努力撰写论文，使自己的经验系统化、理论化。

（10）按照上级有关部门的规定，积极参加篮球教练员的岗位培训，定期接受有关部门组织的业务考核。及时向上级主管部门上报训练和比赛的计划、进程及其他相关的资料等。

（三）高校篮球队教练员的素质构成

1. 高校篮球队教练员的基本素质

基本素质是指一名篮球教练员必须具备的最为基本的要求和条件。基本素质在教练员的综合素质中占有一定的地位和作用，我们绝不可以忽视它。基本素质的高低可以影响教练员其他素质的发展和提升，从而决定了教练员整体素质的高低。篮球教练员的基本素质主要由身体素质、思想道德素质、心理人格素质和理论知识素质等四个方面构成。

（1）身体素质。身体素质是一个篮球教练员应具备的最基本的素质。运动训练的过程是一个长期的、需要投入大量的体力和脑力的过程，作为一名教练员要能够适应长时间的球队训练以及临场指挥比赛的任务等，这些都需要教练员有一个强健的体魄。只有具备良好的身体素质，教练员才能够有足够的精力投入到篮球训练工作当中去。

（2）思想道德素质。思想道德素质指的是一名教练员要有正确的世界观、人生观和价值观。一名合格的篮球教练员，必须要有正确的价值观。目前，我国运动员的篮球竞技水平不断地获得提高，教练员的价值观念也在不断地发生相应的变化。作为一名高校的篮球教练员应具有双重性，其既是教师，为人师表，以育人为宗旨；又是教练，要带好队，努力提高管理、训练、比赛水平。

首先，教练员应具有高尚的道德品质和崇高的精神境界。热爱篮球教练工作，有强烈的事业心和责任感，有坚定的志向和毅力，对篮球队的工作有深厚的感情，这样才能坚持在教练的岗位上，为了使篮球运动水平提高而不断奋斗。

其次，教练员要有踏实的工作作风。在实践工作中，面对重重困难，勇于进取，谦虚谨慎，努力工作，专业思想牢固，训练态度认真。有强烈的求知欲去适应当代篮球运动水平的发展，探索篮球运动不断改革，并为篮球的训练科学化、运动技术的创新带来新课题。

（3）心理人格素质。教练员应具有宽广的胸怀、开放的心态、坚强的毅力和良好的自我控制能力，善于控制自己的情绪，能客观、全面、辩证地看待问题和解决问题。勇于面对执教过程中的各种挫折和挑战，经得起困难和失败的考验，对自己所带领的球队要充满信心，坚持不懈地为了球队的目标而不断奋斗。我国的众多篮球教练员都有着十分坚强的毅力，因为这与我国篮球教练员的成长环境有着莫大的关系，多数篮球教练员都是由早期的运动员转型而来，竞技体育的残酷性将他们的意志品质磨炼得异常坚定。当然也有一小部分篮球教练员缺乏宽广的胸怀和开放的心态，自我控制能力相对较弱。

（4）理论知识素质。作为一名优秀的篮球教练员，首先必须了解篮球理论知识，掌握篮球运动规律及发展的方向，具备篮球专业基本的运动训练理论知识，包括运动训练学、篮球理论知识与技能、体育教学法、运动技能学、运动生理学、运动解剖学、运动医学、运动心理学、运动营养学、体育管理学、体育教育学等。此外，教练员还必须掌握篮球竞赛规则、裁判知识等。

2. 高校篮球队教练员的专业素质

篮球教练员的专业素质是指教练员在执教的过程中应具备的与该专业或职业有关的一切素质，是教练员履行其职责和任务的基本要求。从上面的描述可以看出，教练员的专业素质与其所从事的活动领域有着十分密切的关系，这些专业素质所反映出来的信息能够衡量作为一名篮球教练员的身份。从这个层面来说，篮球教练员应具备的专业素质应该包括专业知识素质、激情素质、管理素质等方面。

（1）专业知识素质。专业知识素质指篮球教练员应具备的与篮球技术及训练有关的知识素质。专业知识一般分为两个大的方面，分别是专业理论知识和专业技能（实践）知识。专业理论知识包括篮球运动的发展史、当代篮球的主流发展趋势、篮球技战术的发展动向、关于篮球的最新的训练方法和管理经验以及一些与篮球运动训练相关的一些理论知识，如运动解剖学、运动生理学、运动医学、体育保健学、运动生物化学、运动生物力学、体育教育学、体育测量学、体育选材学等相关的知识。专业技能（实践）知识主要是指篮球教练员自身的篮球运动技术水平，包括技术的准确、灵活、优美等。

（2）激情素质。激情素质主要指篮球教练员对篮球运动训练的专注度与热情度。这方面的素质还是比较容易理解的。只有教练员对篮球运动充满了热爱，他们才能够无条件地投入到伟大的篮球运动训练工作当中去。篮球运动的训练工作和社会上的其他行业存在着相当大的差别，训练过程有时候是枯燥和乏味的，如果没有对篮球运动始终如一的热爱和激情，是无法坚持到最后的。尽管每一支篮球队都在进行同等的训练，然而鲜花和掌声却不能属于每一个人。因为冠军毕竟只有一个，所以一个篮球教练员如果不能承受执教过程中的寂寞与枯燥，那他必然是不可能获得最后的成功的。

（3）管理素质。管理素质看起来十分简单，其实相当复杂。管理素质是篮球教练员专业素质构成中非常重要的一个部分。教练员的管理素质牵扯到训练过程的方方面面，其不仅包括教练员自身，也包括其他与运动训练有关的人、财、物等。运动训练是一个协调的过程，教练员要运用一切可以利用的手段，合理地协调相应的资源，充分调动运动员训练的主动性和积极性，从而使自己所带的球队获得最好的成绩。

（四）篮球教练员素质的培养

1. 基本素质方面

（1）身体素质方面，要培养教练员的自我健身意识，注重自己的身体，安排教练员定期进行医疗检查，及时发现身体的状况。若发现问题，应要求教练员及时进行休息和治疗，直到康复后才可继续参加工作。要告诫篮球教练员切忌为了一时的得失荣辱而置自己的身体健康于不顾，这样不仅对教练员自身是一个伤害，同时，也是对整个球队的巨大损失。所以，要时刻关注教练员的身体健康素质，不要等到出现问题以后才去进行弥补。

（2）思想道德素质方面，要帮助教练员树立正确的世界观、人生观、价值观。在教练员的执教过程中，上级人员要经常和教练员进行交流和沟通，及时发现教练员的思想道德方面是否有一定的偏差。若有发现，要及时地进行纠正和开导，使教练员的思想道德水平保持在一个较高的水平。只有这样，教练员的优秀思想道德品质才会在潜移默化中影响运动员，从而使运动员的思想道德品质也不会发生重大偏差。这样，对于提高一个球队的整体素质都会产生十分有利的效应。

（3）心理人格品质，寻找心理机构定期对教练员的心理人格品质进行测量，并根据测量结果进行相应的指导。让教练员经常学习优秀教练员的心理人格品质，发挥球队内部或外部的优秀教练员的"榜样"作用，激发教练员的高尚人格品质。运用相应的手段和方法，让教练员培养运动员的优秀心理人格，在培训运动员的过程中，也让教练员的心理、人格素质得到升华。

（4）理论知识素质，通过阅读一些书籍，来增加自己的知识，比如多读一些人物自传、经典传记、历史书籍等。当然，我们并非要求每一个篮球教练员都必须具备厚实的知识基础，只是要使我国的篮球事业得到真正的可持续发展，教练员的知识储备必须有一个质的提升。教练员不能仅仅局限在自己的专业领域，要提高自己的高度和视角，这样才能更好把握篮球队的训练和管理工作。

2. 专业素质方面

（1）专业知识素质。参加自己相对应级别的教练员培训，提高自己的专业理论水平。在日常生活中，也要多阅读与自己专业相关的书籍，来丰富自己的专业知识结构体系，不断扩充自己的视野。关注与篮球有关的新闻和消息，掌握最新的篮球资讯，及时发现世界篮坛的发展趋势。结合自己的训练理念，创新出新的训练手段、训练方法、技术、战术等。观看自己喜欢的教练员或运动员的录像，参加休赛期的自我发展计划，经常与其他教练员进行探讨和交流，提高自己的业务水平。教练员也要时常参加一些不同层次的篮球训练及比赛，从而保持自己的篮球技术水平并注意在训练和比赛中学习和掌握新的战术。

第六章 篮球队伍建设管理与竞赛组织工作

（2）激情素质。很多条件下，对于某一样东西，有的时候不是因为我们喜欢它我们才有所成就，而恰恰是我们在这个方面有了一点点成就之后，我们才深深地爱上它。作为一名教练员，我们要从训练和球队的比赛成绩中去获得自己的成就感和优越感，从而使自己始终对篮球运动充满热爱和激情。

（3）管理素质。首先，教练员要明白篮球运动训练管理是一个协调的过程，一名教练员不可能在完全封闭和真空中训练自己的球队。教练员要知道"协调"是自己的本职工作，徒劳的怨言无益于解决任何问题。

其次，教练员要学会计划、组织、领导、控制、创新等管理基本职能。管理也是一个逻辑过程，缺少了上述的任何一个职能，运动训练的过程都将遇到许许多多的问题。

最后，作为一名篮球教练员要掌握一些服务营销和搜集数据的基本知识，这些知识都是运动训练管理正常运转的一些基本需求。教练员可以从一些专家学者撰写的书籍上或通过参加相应的篮球教练员培训来获得自己需要的篮球管理知识。

（五）优秀篮球教练员应具备的品质

要想成为一名真正优秀的篮球教练员，最基本的应该具备下面所列的条件或品质：

第一，认真学习研究党和国家关于体育工作和篮球运动工作的具体指示和要求，不断树立为我国篮球事业奋斗的献身精神，提高自身的荣誉感和责任感。

第二，培养自己持续的学习欲望和良好的学习习惯，勤奋扎实、刻苦学习体育科学的基础知识以及篮球的专业理论知识，为篮球队的科学化训练和提高训练质量打下坚定的理论基础。

第三，对运动员要全面负责、全面教育和全面管理，不仅要抓好运动员的日常训练和比赛工作，还要管理好他们的思想、学习和日常生活。及时、准确地了解和掌握运动员的思想、学习、训练、比赛、生活、家庭等情况，以及亲戚、朋友等对他们的影响。要善于处理好运动员与运动员、运动员与教练员以及运动员与其他相关人员的人际关系，也要不断提高自身协调其他关系的能力，从而使篮球运动队所开展的各项工作更具有针对性和有效性，以获得事半功倍的效果。

第四，教练员要敢于严格训练、严格要求。同时要倍加关心和爱护自己的运动员，真正建立起相互信任、相互尊重的"师徒"关系。在训练培养过程中，要做到思想教育与物质奖惩相结合，以思想教育为主；表扬与批评或纪律处分相结合，以表扬为主。一名优秀的教练员既要把他们培养成为优秀的篮球运动员，也要将他们培养成为对社会、对国家有用的体育人才。

第五，教练员要具有脚踏实地、勤奋工作的精神，具有高超的篮球运动技术，平易近人的工作作风和良好的组织和协调能力，这样才能激励运动员刻苦训练、自觉地为集体努力拼搏以及实现球队最终的奋斗目标。

第六，教练员对运动员要一视同仁，不论是老队员还是新队员，不论是主力队员还是替补队员，都要以诚相待、一视同仁，绝不能亲近一部分而疏远一部分。在对运动员平等对待的过程中，也要注重因材施教，因为每个运动员的资质、经历、生活背景等都各不相同。因此，篮球教练员在训练运动员的过程中，既要做到平等对待每一个运动员，也要根据运动员的个人情况来因材施教。这样才能使自己的球队形成一个富有朝气、不断向上的团结战斗的集体。

第七，对运动员的技战术水平、体能和心智能力等进行定期地测试并对测试的结果进行认真的分析和总结，注意积累资料，始终做到心中有数，发现问题及时与运动员及其相关人员进行交流和沟通，将不良因素消除或将其影响减小到最低水平。针对运动员的具体情形，采取不同的有效措施，不断改善和提高训练的质量。

第八，不断了解和研究当代篮球运动的发展趋势和规则的变化等，结合自己球队的特点，在训练中不断探索，大胆创新。使自己所带的队伍不断进取，不断前进，取得优异的比赛成绩。

第九，教练员要严格要求自己，身教重于言教。以身作则，从自身做起，要求运动员做到的教练员自己首先要做到。教练员的威信是靠自己良好的工作作风和日常生活中的模范行动建立起来的。

第十，教练员要具有永不言败、坚忍不拔的意志。任何一支球队都不可能永远获得胜利，也不可能永远失败，每一支球队总会有自己的高潮期和低迷期。作为教练员要做到胜不骄败不馁，当球队胜利的时候，要将功劳归功于整个团队；当球队失败的时候，要有勇气积极主动地承担责任。

二、高校篮球队伍的管理工作

普通高等学校篮球运动队的管理既不同于优秀运动队的管理，也不同于体育院系运动队的管理。与各级各类的普通中小学运动队管理相比，它具有人力、财力、物力等方面的优势。"学校篮球队从筹建到比赛，校领导应该重视起来，将球队纳入学校的教学管理、后勤保障体系"。[①]随着我国体育事业的发展与竞技运动训练体制改革的不断深入，高等学校建立篮球运动队越来越体现其需要与可能，它对于活跃现代大学生文娱生活，提高体质体能，加强交流，培养高水平篮球运动人才都将起到重要作用。因此，研究和探讨高等学校篮球运动队的管理具有重要的实用价值和现实指导意义。

（一）高校篮球队伍发展的优势条件

依据我国普通高等学校篮球运动队发展的状况，在高校组建篮球运动队，具有的优势条件表现如下：

1. 高校具有高水平的体育人群

高等学校是体育人才密集的地方，拥有教学、训练、科研和管理等各类体育人才。高校教师多从事多年体育教学工作，具有丰富的教学经验；也有长期从事训练工作的教练员，具有较高的训练水平；有的教师还具有较高的理论水平和科研能力，这些都是进行科学训练工作所必备的条件。大多数高等学校有比较健全的体育人才梯队，这也是高校体育工作的有力保证。

---

① 胡淇玮.高等职业院校大学生篮球队建设路径初探[J].现代妇女（下旬），2013（11）：301.

2. 高校具有先进经验和方法

中华人民共和国成立以来，我国普通高校在党的领导与关怀下，为培养祖国所需要的高素质人才作出了积极贡献。在党的正确路线、方针、政策指导下，总结了培养人才的经验教训，进一步全面贯彻党的教育方针，进行深入的教育改革。健全了组织机构，建立了纵向系统、横向联合的管理体制，狠抓思想工作和师资队伍建设，进一步提高了教育质量和教学水平，形成了良好的育人环境，为新一代大学生健康成长奠定了较好的基础。因此，高等学校具有培养全面发展人才的经验和方法，同样也可以培养出优秀的体育人才和篮球运动人才。

3. 高校具有多门类专业和多学科技术优势

世界体育和篮球运动发展的历史的现实证明，离开了科学研究，运动技术水平就难以提高，特别是某些运动项目的成绩已接近人体机能的极限，只有运用现代科学技术、方法和手段进行选材、育才，对运动训练过程实施最佳控制，才能取得突破性的进展。而高等学校普遍具备多门类专业和多科技术的优势。既有掌握先进科学理论与技术的高级专家和教授，又有先进的科学仪器设备和实验室。如电子计算机中心、实验中心、测试中心、情报中心等。因此，就有优越的条件来采用各学科最新理论、方法和研究成果对篮球运动进行研究，为培养优秀篮球运动员奠定坚实的基础。

4. 高校具有完备和规范的运动场地与设施

当前，我国的运动场地和训练设施与一些体育强国相比较仍相对落后，但相对来说，高等学校的条件要好些，不少高等学校有400米标准场地，有的还配有游泳池、体育馆和力量房等。因此，无论是在培养高水平运动员还是群众性体育活动的开展方面都具有一定的优势，这无疑为培养高水平运动员创造了必要的物质条件。

（二）高校篮球队伍管理的任务与阶段

1. 高校篮球队管理的任务

正确认识和确定普通高等学校篮球运动队管理的目的与任务，是搞好篮球运动队管理工作的前提。从当前我国普通高校篮球运动队管理的客观要求看，应以确保学校篮球运动队训练目的任务的贯彻落实，有利于提高篮球学校运动队训练水平为准则。因此，普通高等学校篮球运动队管理的目的是：遵循学校运动队训练工作的客观规律，正确处理、协调发展学校运动队训练中的各种关系，科学地组织、控制管理过程，最大限度地发挥人力、物力、财力的作用，在全面增强和提高学生体质的同时，高效地完成学校运动队训练的目的、任务、发展学校的业余训练工作。

高校篮球队管理的基本任务如下：

第一，确保学校篮球运动队训练工作符合党的教育方针及业余运动训练工作的文件精神，通过科学预测和决策，正确确定和修订不同时期学校业余训练的发展目标与计划，保证学校运动训练的发展速度与规划，适应我国教育事业和体育事业发展的客观要求。

第二，科学组织与实施学校篮球运动训练工作发展规划，合理有效地发挥校内各级管理组织和人员的作用，协调好各部门、各方面的关系，调动一切积极因素，提高管理工作的效率，确保训练目标与任务的顺利实现。

第三，合理地组织、分配、使用有限的人力、物力、财力，充分发挥它们的作用，积极推广先进的运动技术和手段，保证学校训练工作低耗、高效、科学地进行。

2. 高校篮球队管理的阶段

普通高等学校篮球队既不同于省市运动队，又不同于体育学院、系运动队及中小学运动队。因此，要想搞好普通高等学校篮球运动队的管理工作就必须根据它们的教学规律和学生学习、生活的特点，了解管理内容与对象，科学地安排运动队的训练，才能达到预期的目的。

普通高等学校篮球学生从入校到毕业一般为4年，他们必须依次经过基础课、专业基础课、专业课的学习和毕业论文等教学环节，根据各个阶段教学内容的不同特点和学生心理变化，可划分为以下阶段：

（1）入学阶段。该阶段主要指第一学期的前2~3个月。这个学期的学习内容主要是基础课程。由于课次多、内容新，加之学生刚刚走入大学校门，对新的生活环境、学习方式都不适应。心理压力大，表现为忙于应付，无暇顾及其他事情。这是一个逐渐适应的过程。

（2）基础课学习阶段。该阶段一般包括一年级、二年级，学习内容以基础课为主，课程数量也比较多，但经过1~2年的学习实践和逐步适应，心理压力相对较小，学习基本可应付自如。同时因为尚未接触专业，还不能给自己提出明确的、较高的要求。这阶段时间显得比较充分，这就为篮球或某些专项教练员选材和引导学生对专项的兴趣创造了条件。

（3）专业基础课学习阶段。该阶段一般包括大二、大三。学习内容以技术为基础，专业基础课为主。课程门类和每周课时数相比前几个学期都少，学生学习压力更小一些，可投入较多的精力参加运动训练。

（4）专业课学习阶段。该阶段主要包括大三、大四。学习内容除少量基础课外，主要是专业课，学习任务因专业而异，但一般与前两学期差不多。所不同的是这一阶段有些学生特别是进取心较强的学生，往往要拿出一定的课余时间去研究探讨本专业的理论知识。这时，负责训练工作的教练员应注意引导队员处理好专业学习与篮球训练的关系。

（5）毕业阶段。学生的最后一学期的任务主要是进行毕业前的实践，学习任务较重，除少数人埋头于毕业论文的设计和研究外，大多数人在考虑毕业分配去向和今后的出路问题。这是一个逐步退出课余训练的过程。

除上述普通高校教学规律及各方面条件的不同外，其学习阶段的划分，学习负担大小，心理状态等具体情况亦有所不同。教练员必须充分了解自己队员的全面情况，以便科学、合理地安排好训练。为此，建议在不同阶段应着重考虑以下方面的问题：

第一，选材及兴趣的培养。运动员选材是运动训练的首要工作，通常可在第一学期，即入学阶段进行。教练员尽量多与新生接触，加深了解，可用体育课及其他机会，了解学生的身体情况、兴趣爱好、体育特长、专项训练、心理素质等各方面的情况。要注意在较大范围内了解、分析，从中筛选

第六章　篮球队伍建设管理与竞赛组织工作

一批有可能成为训练对象的学生。入选队员确定后，就要有目的、有计划、有组织地进行系统训练。一般是在第二、三、四学期进行一般性训练，训练以基础项目为主，目的是使队员的身体素质、意志品质得到全面协调的发展，并且有针对性地进行篮球专项基础训练，向学生传授有关篮球专项的基本技术和基本技能。

第二，加强篮球专项训练。一般要求在第三年完成，这一阶段以专项训练为主，任务是逐步提高篮球运动成绩。进一步加强专项的身体、技术、战术、心理训练，使专项运动成绩获得稳步的提高。

第三，注重巩固篮球专项成绩。一般是在最后一个学年，因学生学习任务较重，对运动员来说，要在这一年进一步提高运动成绩不太可能。因此，主要任务是保持已取得的成绩或保证参加比赛。训练要根据个人的具体情况灵活安排，赛前可进行一定量的强化训练，以便打比赛中继续提高篮球运动成绩。

第二节　篮球竞赛的组织工作

一、篮球竞赛的场地与设备

（1）球场。篮球比赛场地应是一块平坦、坚实且无障碍物的球场。球场长28米、宽15米，从界线的内沿丈量。所有的线应用相同的颜色（最好白色）画出，宽5厘米并清晰可见，整个场地的空间应有足够的照明。

（2）篮球架。篮球比赛场地有两个篮球架，分别放置在比赛场地的两端，每一个篮球架包括一块篮板、一个带有固定篮圈钢板的篮圈、一个篮网、一个球篮支撑构架和包扎物。

（3）篮网。篮网应用白色细绳制成并且悬挂在篮圈上，篮网应使球穿过球篮时稍受阻碍，长度为400~450毫米。篮网有12个环孔，以便系在篮圈上。篮网的上部是用特殊网线制成的，以防止篮网弹过篮圈，造成潜在的障碍物，使球停留在篮网中或被弹出。

（4）篮球。篮球的外壳应由皮革或人造的、复合的、合成的皮革制成。篮球是圆形的，带有黑色的接缝，或是单一暗橙色的，或是国际篮联批准的橙、浅棕结合色的；有8个或12个接缝，宽度不超过6.35毫米；充气到使球从大约1.8米的高度（从球的底部量起）落到比赛地板上，反弹起来的高度在1.2~1.4米之间（从球的顶部量起）。对于所有级别的男子比赛，球的圆周为749~780毫米（7号），球的重量为567~650克。对于所有级别的女子比赛，球的圆周为724~737毫米（6号），并且球的重量为510~567克。

（5）记录台所需的器材。记录台所需的器材包括比赛计时钟、记录板、24秒钟装置、供暂停时用的计时表、两个不同的信号器、记录表、队员犯规标志牌、全队犯规标志牌、交替拥有指示器等。

二、篮球竞赛的球队及工作人员

球队介绍。一个球队应由以下成员组成：不超过10名合格的参赛队员，若参加比赛超过3场时，可有不超过12名合格的参赛队员；1名教练员，如果需要，还可以有一名助理教练员；一名队长，应是正式队员之一；最多可有5名随队队员。

球员的比赛服。球员的服装上衣为背心，下衣为短裤，上、下衣前后主色必须相同，但上、下颜色可以不一致；比赛时，所有队员必须把上衣扎进短裤内；背心上前后应有号码，号码的颜色与背心的颜色应有鲜明的反差，同队队员不得佩戴相同的号码，也不得佩带任何可以导致其他运动员受伤的物件。

工作人员。比赛中的工作人员主要有裁判员（包括主裁判和副裁判各一名）、记录台人员（包括记录员、助理记录员、计时员和24秒计时员）。有时也可以设一名技术代表监督记录台人员，并协助裁判员使比赛顺利进行。

（一）裁判员

裁判员指的是根据竞赛规程或相关规程对运动比赛过程中运动员的成绩、运动员的胜负以及运动员的名次进行评判的人员，裁判员除了负责执法之外，也要组织竞赛、领导竞赛。"篮球运动是一个快节奏的运动，场上的情况瞬息万变，这对裁判来说是一个很大的考验"。[①]裁判员的水平高低会对运动员使用的技术或战术产生直接影响，也会让比赛呈现出不同的效果。

一般情况下，裁判员由一个主裁判员和一名副裁判员或者两名副裁判员组成，副裁判员的数量直接决定了最终的裁判制，如果副裁判员是一个，那么和主裁判员组成的就是两人裁判制；如果是两个，那么组成的就是三人裁判制。裁判的工作还需要记录台人员和技术代表进行协助。作为比赛的裁判员，应该保持公平公正，不能和参赛队伍有私下联系，裁判员的服装也有要求，裁判员应该穿着裁判衫、黑色的长裤、袜子和篮球鞋。

无论是裁判员、技术代表还是记录台人员，都需要遵循比赛规则去指导比赛。

1. **主裁判员**

（1）规则条款。

1）检查和批准在比赛中使用的所有器材。

2）指定正式的比赛计时钟、24秒钟装置、计秒表并确认记录台人员。

3）从主队提供的至少2个用过的球中挑选比赛球。如果2个球中没有一个适宜作为比赛球，他可挑选最好质量的球。

4）不允许任何队员佩戴可能对其他队员造成伤害的物品。

5）执行跳球开始第1节和管理掷球入界开始所有其他节。

6）当情况需要时有权停止比赛。

7）有权判定某队弃权。

8）在比赛时间结束时，或在任何他认为有必要的时候，仔细地审查记

---

① 何佳强. 大学生篮球裁判预判能力的培养探析[J]. 当代体育科技，2021，11（30）：51-53.

录表。

9）在比赛时间结束时认可和在记录表上签字，终止裁判员对比赛的管理和联系。裁判员应在预定的比赛开始时间前20分钟到达比赛场地，此时他们的权力应开始，当裁判员批准比赛时间结束时他们的权力应结束。

10）在预定的比赛开始前20分钟或在比赛时间结束和核查及在记录表上签字之间发生了任何弃权、取消比赛资格、犯规或队员、教练员、助理教练员或随队人员的违反体育道德的行为，主裁判员必须在签字之前在记录表的反面记录该事件。在这种情况下，主裁判员必须向竞赛的组织部门送交详细的报告。

11）每当有必要或裁判员的意见不一致时做出最终的决定。为做出这一最终的决定，他可与副裁判员、技术代表（如到场）或记录台人员商量。

12）在他在记录表上签字之前，有权批准和运用技术设备（如果提供）决定每一节或任一决胜期结束时的最后一投是否在比赛时间内。

13）有权对本规则中未明确规定的任何事项做出决定。

（2）教学指南。

1）明确指出规则中赋予的主裁判员的职责和权利。

2）主裁判应具有的弹性权利。如果规则中没有明确对某一个事项作出规定，那么主裁判员可以做出决定，但是决定的下达必须遵循公平公正的精神，必须符合篮球比赛的规则和宗旨。

3）主裁判员可以在自己的决定下或者在教练员的请求下使用相关的技术设备去核实比赛过程中最后一次投篮的有效性，确定是二分投篮或三分投篮，需要注意教练员的请求要在下一节比赛开始之前或在主裁判员签署记录表之前提出。如果裁判员非常确信他们对球中是否有效的裁决是正确的，那么主裁判员可以直接拒绝教练员提出的请求，如果决定重新审查裁判员对球中是否有效的裁决，那么应该由裁判员、计时员以及在场的技术代表共同进行审核。

2. 普通裁判员

（1）规则条款。

1）裁判员可以对发生在界限之内或界限之外的区域的违规行为作出宣判。

2）当裁判员发现有违规行为时，需要鸣哨，如果一节比赛结束，那么裁判员也要鸣哨。除此之外，如果裁判员认为比赛有必要停止，则也要鸣哨。但是，成功投篮、成功罚球之后篮球变成活球的时候，不可以鸣哨。

3）裁判想要判定有身体接触或违例现象的时候，需要考虑以下原则：一是规则精神和想要完成比赛的需要；二是裁判员不应该利用不必要的比赛中断去处罚附带身体接触，附带的身体接触不会给双方队员造成任何的不利影响，也不会产生任何其他的利益；三是比赛过程中应该注重使用常识，要了解相关队员的能力，关注队员在比赛中的行为和比赛态度；四是努力实现比赛控制和比赛流畅两个方面的平衡。

4）如果有篮球队提出了抗议，那么主裁判员或在场的技术代表要在比赛结束之后的60分钟之内将抗议上报到相关的竞赛组织部门。

5）如果裁判员因为受伤的原因或其他原因没有办法在5分钟之内回到裁判员的岗位，那么比赛应该继续，如果有有资格的裁判员可以替换受伤的裁判员，那么裁判队伍中的另一位裁判员可以和在场的技术代表进行商议决定是否进行替换。如果没有有资格的裁判员可以进行替换，那么裁判队伍中的另一位裁判员应该单独进行比赛的控制和裁定。

6）所有的裁判员都可以在自己的权力范围之内进行比赛宣判，但是不能质疑其他裁判员或不管其他裁判员做出的决定。

（2）教学指南。

选派一名有资格的替补裁判员（相同或更高级别的且与参赛双方无任何联系的裁判员）来更换受伤的裁判员。

若无人更换，则另一裁判员应单独执裁。

（二）记录台人员

篮球比赛的管理工作是由裁判员、记录台人员和技术代表组成。篮球比赛的记录台是为担任临场裁判的助理人员、技术代表和摆放操作的设备所提供的工作台，裁判的助理人员统称记录台人员，记录台人员和技术代表在比赛中所承担的工作就是记录台工作。记录台工作是保证比赛顺利完成不可或缺的重要部分。

国际标准篮球比赛的记录台人员由记录员、助理记录员、计时员、24秒计时员和技术代表共5人组成；国内重大篮球比赛一般由记录员、瞭望员、计时员、24秒计时员、举牌员、宣告员、比分显示员和技术代表组成。在进行高水平的篮球比赛时，往往还要配备保洁员和比赛技术统计员。

记录台人员负责记录比赛中必要的情况，配合裁判员完成比赛的执裁，建立球队与裁判员的联系，操作比赛设备，显示已发生过的信息。技术代表负责监督记录台人员的工作，并协助执法裁判员使比赛顺利进行。裁判员通过记录台人员的提示，执行规则中的暂停、换人、罚球、时间结束、上场队员的确认、裁判员可纠正的失误等。记录台的信号声响不能停止比赛，也不能使球成"死球"。在基层篮球比赛中，记录台人员一般只需1～3名，主要负责计量比赛的时间，以及记录比赛的得分、个人犯规和全队每节犯规次数。

记录台人员和裁判员应着装一致：裁判衫、黑长裤、黑袜子、黑球鞋。

裁判员、记录台人员和技术代表应按照这些规则来指导比赛并无权改变这些规则。

1. 记录员和助理记录员

（1）规则条款。

1）应给记录员提供记录表，他应作如下的内容。把所有参与比赛的队员姓名和号码登记下来，在比赛开始之后，如果场上的五名队员或其他的替补队员出现了违反规则的行为，那么应该及时通知距离最近的裁判员。

记入投篮和罚球得分以及累积分。

记录每一个队员的犯规次数，如果某一个队员的记录犯规次数达到了五次，那么记录人员应该将这一记录通知裁判员，除此之外，还要记录教练员的犯规次数。如果教练员的比赛资格被取消，那么也应该马上告知裁判员，除此之外，如果某一个队伍出现了两次与体育道德相违背的行为，那么记录员应该通知裁判员取消队伍的比赛资格。

登记暂停，如果有一个队伍已经提出过暂停比赛的请求，那么在下次进行暂停的时候记录员应该告知裁判员。如果教练员没有剩余的暂停机会，那么记录员应该通过裁判员将这一事实转达给教练员。

操作交替拥有箭号，在一个半时比赛结束之后，下次半时比赛的时候球篮是需要交换的，在这样的情况下，记录员应该把箭号的方向调整过来。

2）记录员还应作如下的内容。通过举牌的方式表明队员已经出现的犯规次数，举牌应该让所有的教练员看到。如果一节比赛中一个队伍出现了四次全队犯规，那么在出现活球的时候应该在记录台上和犯规队伍靠近的一端放置犯规处罚标志。

记录员只能在球变成死球并且再次转变成活球的时候发出信号，记录员发出的信号不会影响比赛计时钟，不会影响比赛，也不会让球变成死球。

3）助理记录员的作用是帮助记录员并且操控记录板。如果记录板和记录表之间出现了不同，没有办法被处理，那么应该以记录表的记录为先，并且改正记录板中的内容。

4）如果记录错误被发现：记录员必须在第一次出现死球的时候发出信号。比赛结束之后，记录员应该在主裁判员签字之前改正错误，不管错误对最终的结果有没有影响。如果主裁判员已经签字了，那么错误就没有机会被改正。

（2）教学指南。

1）记录员的职责。记录员必须及时完成记录表内各项内容的登记工作，及时把记录情况告诉助理记录员，由助理记录员将有关记录信息及时通知裁判员。如果记录出现错误，那么在比赛中记录员必须等到第一次死球时才能发出他的信号。在国际篮球联合会的高水平比赛中，记录员负责发信号，通知裁判员某队暂停、换人，操作交替拥有箭头，举牌示意队员犯规的次数。在一般水平或基层比赛中，为了避免记录员在激烈的比赛中出现失误，比赛组织者往往把这些工作交给助理记录员。

比赛开始前的职责。记录员应在比赛开始前至少20分钟按下列样式准备记录表：记录表由1张正页和3张副页组成，每一张颜色均不同。正页是白色，交国际篮联，第一张副页是蓝色，交给竞赛的组织部门，第二张副页是粉红色，交给胜队；最后一张副页是黄色，交给负队。建议记录员使用两种不同颜色的笔，第1节和第3节用一种（如红色），第2节和第4节用一种（如蓝色）。供记录员使用的设备有记录表、红蓝圆珠笔各1支、蓝色复写纸3张（不更换复写纸）、直尺1个。

在记录表顶部的空间内登入两队的名称。第一队应总是当地（主）队。对于联赛或在中立球场的比赛，第一队应是秩序册中列前的队。第一队应是"A"队，第二队应是"B"队。

在记录表登入：竞赛的名称，比赛的序号，比赛的日期、时间和地点，主裁判员和副裁判员的姓名。

使用由教练员或他的代表提供的成员名单来登入双方球队成员的姓名。

在比赛开始时，记录员应在每一队比赛开始时上场的5名队员的小"×"上圈上圆圈；在比赛期间，当替补队员第一次进入比赛时，记录员应在队员号码旁边的"上场队员"栏内画一小"×"（不套圆圈）。

记录员要登记犯规。

实现替换：只有在球变成了死球并且继续转变成活球的时候，记录员才可以发出信号，记录员的信号并不会影响比赛，也不会让比赛计时钟停止，也不会影响球。如果在暂停的过程中，队员提出要进行替换，那么记录员应该鸣哨提醒对方队伍场上队员出现了替换。

记录投篮分数、罚球分数以及累积分数。记录员应该根据时间顺序去记

第六章 篮球队伍建设管理与竞赛组织工作

录队伍的得分情况，并将分数写在累积分表中。

比赛结束后的职责。比赛结束的时候，记录员应该在最终得分的分数下面画两条粗横线，除此之外，所有队员的号码下面也应该画上这样的横线。为了让队伍的剩余数字（累积得分）被划掉，记录员应该在这个栏的底部画斜线。比赛完全结束的时候，记录员应该把队伍的最后比分登记上，并且记录获胜队的名称。

比赛结束之后，记录员应该使用粗横线把犯规那一栏的所有剩余空格划掉，并且使用两条横线的方式划掉所有暂停那一栏的空格。

2）助理记录员的职责。在激烈的比赛中，往往同一个时间内发生很多情况，记录员要抬头看裁判员的宣判，然后再登记和统计有关信息，有时是来不及的，也很容易出现差错和笔误，需要助理记录员做一系列的辅助工作。在国际标准篮球比赛中助理记录员只有1名，要求助理记录员有非常高的工作水准。但在国内高水平篮球比赛中，受场馆、器材的限制及为了保障比赛的流畅，助理记录员的职责可依据情况最多由4人分别担任，即瞭望员、举牌员、宣告员、比分显示员。

瞭望员：通过语言告诉记录员比赛中发生的情况，让记录员记下比赛中的信息，反馈记录员的语言，通过手势、语言与记录台其他人员及裁判员、教练员沟通。说话的声音要清晰，不要太大，语言要简短。眼睛要注意观察裁判员，关注双方球队教练员的举动。

举牌员：及时举牌指明每名队员发生的犯规次数，要让裁判员、教练员、队员、观众看清楚为止。

宣告员：通过语言、信号控制比赛的程序，播报名单，在合适的时候宣布暂停、换人、比分等；宣告的声音要洪亮、悦耳，吐字清晰，注意语言和场上的行动要配合恰当。

比分显示员：通过操作比分显示器或记分牌显示比赛中双方的分数。操作中要集中注意力，打分要及时。

助理记录员应该负责记录板的操控工作，还要协助记录员的工作。

助理记录员可以使用的设备有信号发生器、打分器、麦克风秒表、1~5数字牌、全队4次犯规红色标志1个、三音哨。

助理记录员在比赛开始之前应该承担的工作职责：在比赛正式开始前6分30秒，助理记录员应该通过广播的方式宣布双方运动员准备进场，停止练球，所有的队员应该在自己的队伍位置按顺序站好。

比赛开始时的职责：按照规则发出暂停（暂停时间达50秒时再次发信号通知裁判员）、换人的信号，并广播：××队请求暂停；××队请求换人。

裁判员报告队员犯规的时候应该向记录台的方向举起和犯规行为对应的1~5号次数牌，并且在全队犯规指示器中记录一次犯规。

投篮得分或罚球得分，应该将分数显示在显示屏幕上。

2. 计时员

计时员主要控制的是计时钟，除此之外也要控制比赛暂停和不同节比赛之间停留的间歇时间。与此同时，也要让计时装置马上停止，如果计时员使用的装置失灵，那么他应该使用最快的方式将比赛停止这一事件告知裁判员。在比赛开始之前，计时员应该使用手势或口语的方式联系记录员和裁判员，提示他们已经准备完毕，可以正式开始比赛。

（1）规则条款。

1）应给计时员提供一块比赛计时钟和一块计秒表，并应计量比赛时间、暂停和比赛休息期间。保证一节比赛时间结束时自动和非常响亮地发出信号。第3节开始前至少3分钟内通知球队和裁判员。

2）计时员应按下列所述计量比赛时间：开动比赛计时钟有三种情形：①跳球中，球被跳球队员合法地拍击时；②在最后一次或仅有一次的罚球不成功，并且球继续是活球，球触及一名场上队员或被他触及时；③掷球入界中，球触及一名场上队员或被他合法触及时。

停止比赛计时钟有几种情形：①在一节比赛时间的末尾时间用完时；②球是活球裁判员鸣哨时；③某队已请求暂停，对方队投篮得分时；④某队控制球时24秒钟装置响起信号时。

（2）教学指南。

1）供计时员使用的设备：计时钟操纵器、信号发生器。

备用设备：计时时钟（秒表）1块、锣1面、台镜1面。

2）每节比赛前发出信号。在第1节和第3节之前：距该节开始剩余3分钟（同时主裁判应鸣哨做出离比赛开始还有3分钟的手势）、1分钟30秒（同时主裁判应鸣哨并确保所有运动员停止热身练习并立即回到他们的球队席区域）时发出他的信号。在第2节、第4节和每一决胜期之前：该节开始剩余30秒钟时发出他的信号（同时主裁判员应持球到达记录台对面的中线延长部分占位并鸣哨示意双方球队进场，及时地重新开始比赛）。

3）计量暂停。裁判员鸣哨并给出暂停手势，立即开动计时装置。如果暂停超过50秒，那么应该发出信号。如果暂停结束，也应该发出信号。如果比赛休息时间已经结束，那么应该发出信号并且让计时装置马上停止。

4）计时时钟如果出现了故障，应将故障报告给技术代表。

结束语

目前，随着我国体育教育的逐步深化，篮球运动的教学与系统训练的发展也朝着专业化不断进步。高校越来越重视篮球教学方法的优化。在创新的环境中开展篮球教学，不仅可以提高学生的篮球综合素养，还可以培养学生的兴趣。在篮球运动教学中，高校在以专业性和效率性为核心时还要结合篮球实践，只有这样，在高校和教师的不断努力下，我国篮球运动教学与系统训练才能得到长足发展。

参考文献

［1］曹竞成.普通高校篮球教学改革探析与尝试［J］.体育与科学，2002，23（5）：73-75.

［2］陈生萍.篮球专项体能训练方法的研究［J］.体育世界（学术版），2019（11）：102+101.

［3］崔曼峰，徐光飞.从休闲娱乐视角探讨我国学校篮球运动的发展［J］.广州体育学院学报，2013，33（6）：52-55.

［4］范勇.篮球训练中进行篮球战术训练的策略试析［J］.文体用品与科技，2022（3）：29-30.

［5］高国贤，练碧贞，任弘，等.青少年篮球运动员位置因素实证分析与选材应用［J］.体育科学，2017，37（09）：65-73.

［6］何佳强.大学生篮球裁判预判能力的培养探析［J］.当代体育科技，2021，11（30）：51-53.

［7］胡安义.篮球运动理论与实践研究［M］.天津：天津科学技术出版社，2018.

［8］胡淇玮.高等职业院校大学生篮球队建设路径初探［J］.现代妇女（下旬），2013（11）：301.

［9］冷晓春.现代篮球理论教学与训练［M］.石家庄：河北科学技术出版社，2014.

［10］李百成，陈鹏程.体育游戏在篮球教学中应用的研究分析［J］.体育科技文献通报，2018，26（07）：67.

［11］李承维.篮球运动教学与训练［M］.武汉：华中科技大学出版社，2012.

［12］刘鉴峰.篮球训练中的体能训练研究［J］.灌篮，2021（15）：1-2.

［13］刘起龙.高校篮球训练浅析［J］.灌篮，2020（2）：39-40.

［14］刘庆广，霍子文.关于篮球防守理念发展趋势的思考［J］.北京体育大学学报，2015，38（02）：122-126.

［15］苗清.篮球运动教学理论与训练实践研究——评《篮球运动教学与训练》［J］.当代教育科学，2015（24）：24.

［16］潘志翔.高校篮球运动教学现状探究［J］.教育评论，2018（12）：167.

［17］千少文.篮球教学评价的回顾与新取向［J］.武汉体育学院学报，2002（02）：102.

［18］任双全，张忠子.体育游戏在篮球训练中的作用探讨［J］.黑龙江科技信息，2017（12）：95.

［19］王堃，许雁.篮球运动员的心理训练研究［J］.当代体育科技，2019，9（04）：45.

［20］王振涛.篮球教学理论与应用研究［M］.北京：中国书籍出版社，2017.

［21］谢东伟.浅析掩护配合在篮球战术中的运用［J］.体育科技文献通报，2016，24（01）：44-46.

［22］谢晚成.我国篮球训练比赛新方法初探［J］.体育文化导刊，2011（6）：63-64，77.

［23］徐念峰，谭朕斌.运动训练专业篮球专项裁判课"4+1"教学法的实验性研究［J］.北京体育大学学报，2007，30（5）：680-682.

［24］许永刚.对篮球运动员灵活性与灵敏性研究的综述［J］.广州体育学院学报，1994（01）：32-39+45.

［25］薛岚.论篮球运动的健身功能与方法［J］.北京体育大学学报，2003（04）：566-568.

［26］姚达.快攻战术训练在篮球训练中的应用研究［J］.灌篮，2021（20）：13-14.

［27］尹涛.体育游戏在篮球训练中的作用与运用［J］.灌篮，2021（3）：5-6.

［28］余丁友.现代篮球运动教学与训练研究［M］.北京：冶金工业出版社，2019.

［29］张成龙.现代竞技篮球战术训练新思考［J］.广州体育学院学报，2012，32（06）：77-80.

［30］张松奎，张大中.大学篮球专修教程［M］.徐州：中国矿业大学出版社，2017.

［31］张伟，肖丰.高校篮球运动教学理论与方法研究［M］.北京：新华出版社，2019.

［32］张志扬.游戏教学法在高校篮球教学中的应用初探［J］.内江科技，2021，42（11）：45.

［33］赵茂勇.篮球训练中战术意识培养方法分析［J］.文体用品与科技，2022，2（2）：1-3.

［34］朱奇志，曾慧芳.篮球规则的起源与发展［J］.体育科技，1999（Z1）：14.